幸福之旅

啟程

列爾克斯 著

從生活學會與自己溝通來理解自己

幸福守則：

所謂「法術不敵神通，神通不敵業力，業力不敵願力」。

法術：做任何事情的意圖，包含使用靈性能力，如陰陽眼、符咒、魔法或靈通，而靈通好比是在有意識的恍惚狀態下維持在θ波，能透過調頻、點化或灌頂開啟。

神通：看透人活著的意義，與神佛相互學習，並理解使用法術的靈性規範。

業力：各自要學習的功課，重複循環發生的事件，像越挖越深的坑。

願力：與功課有關的共同目標，跟家庭、社會、感情或事業有關。

俗話說：「己所不欲，勿施於人。」做任何事情前，要考慮到後續會發生哪些狀況？好比窺探對方隱私，包含生活或靈性上，生活上會牽涉道德和法律，靈性上會牽涉靈性規則。

幸福的旅程如覺醒，從生活學到的能力，理解各個階段的功課內容，並遵從善的循環，寫出適合自己的答案，考出理想的成績，帶著從中學習到的心得，接受期中考的測驗。

生活中與相遇的對象互相學習，傷害對方時，自己的靈魂也會受傷，相對幫助對方成長也會提升自己的經驗。適當使用靈性能力，提升自己的覺察，來理解完整的自己，探索未知的內心世界，尋找自己為何而來？

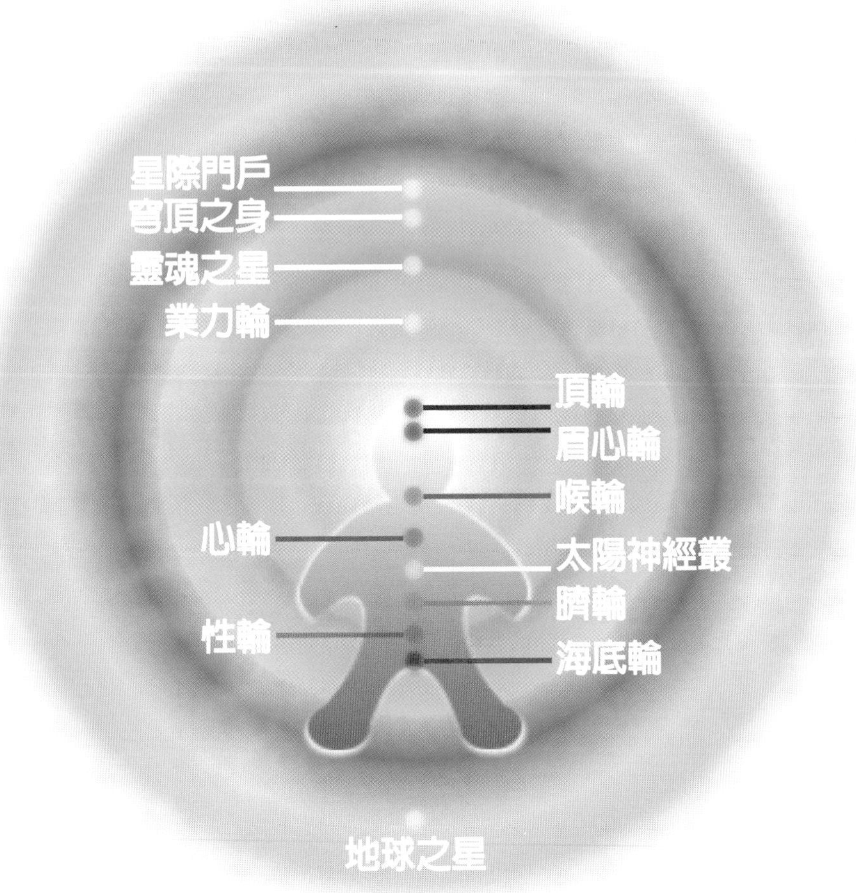

脈輪與位置

星際門戶（天賦）
穹頂之身（一生記憶）
靈魂之星（靈魂藍圖）
業力輪（業的功課）
頂輪（連接靈性世界）
眉心輪（接收解決）
喉輪（表達、溝通）
心輪（愛）
太陽神經叢（個人價值）
臍輪（情緒感受）
性輪（情慾流動）
海底輪（活在當下）
地球之星（集體潛意識）

能量值	情緒類型	
1000	一	善的循環
900	覺醒	歸一
800	希望	順其自然
700	開悟	合一、內在與外在幸福
660	和平	慈悲、善良、愛心
600	幸福	滿足、祥和、喜悅
560	理智	無是非對錯、智慧、道理
520	寬恕	原諒、耐心、毅力、同理
420	創造	創作、目標、行動、想像
370	友善	和睦、友好、親切、禮貌
320	熱情	活力、勇氣、自信
250	安全	安定、安詳、安心
210	信任	誠信、誠懇、信賴
150	驕傲	狂妄、自大、傲慢
120	憤怒	怨恨、暴怒、埋怨、抱怨
80	欲望	縱欲、貪婪、羨慕、渴望
60	壓抑	抑制、畏縮、自責
-20	恐懼	畏懼、恐慌、害怕、擔心
-80	悲觀	心碎、心痛、悲傷
-100	躁鬱	絶望、焦躁、內疚、羞愧
-120	憂鬱	抑鬱、憂慮、擔憂
-160	執著	惡性循環

正能量

輕盈流速快

沉重流速慢

負能量

個人的情緒與能量

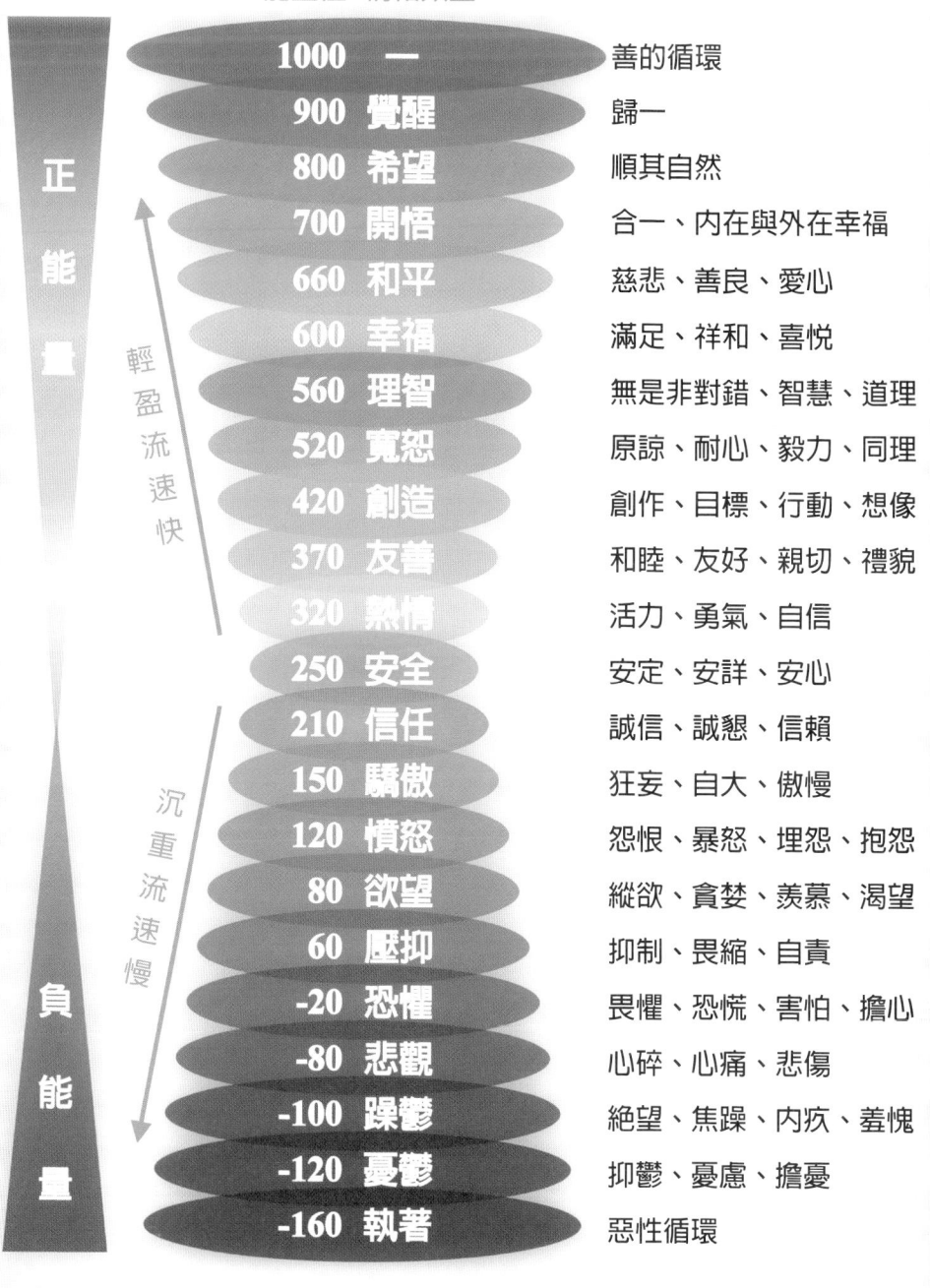

前言

當我來到了某個年紀時，會開始好奇自己為何來到這個世界上？在短暫的歲月裡，為何總是重複著相同的生活方式？如果人生像是拼圖，過去遺忘的拼圖會是什麼呢？

過往看到有靈通很厲害，也會羨慕有陰陽眼的人，能看到肉眼無法見到的事物，這些先天的能力，是代表什麼呢？而平凡的自己能擁有這些能力嗎？

當我選擇找回遺忘的拼圖時，也走在靈性世界的道路上。任何人天生擁有靈性能力，在成長學習的過程中，受到家庭到社會沉重的壓力下，漸漸遺忘小時候充滿創意和感性的一面。

幸福的啟程，好比是在找回過往的自己，並更深入理解完整的自己。從生活中，有時會發現到各種巧合，也許是守護神的安排，或是在提醒現階段的功課，有時內心會抗拒要面對的人事物，是害怕自己受到傷害嗎？還是缺乏勇氣與自信來面對呢？

如果剛開始擁有靈性能力，我的感覺是能提早面對功課，來協助身邊的人，以平衡社會的靈性層面，但在自身心性尚未提升的狀況下，會害怕或濫用靈性的能力，衍生更多要學習的功課，從中走出後，會更有力量來面對過往的自己。

在生活中，要學會愛自己，並用包容和同理心來面對遇到的人，與身邊的人互相學習，讓彼此的人生畫下圓滿的句點。

幸福的旅程，如同找回小時候純真的自己，充滿好奇、創意和天真的一面。

在開始閱讀前，先了解幸福的原則，學習放下欲望、窺探、忌妒、炫耀、比較、羨慕和詛咒的想法，防止純粹以靈性能力告知對方功課的內容，或是指導對方小方向，這如同把對方的功課拿來自己做，能透過媒介來互相學習成長，從中理解更深層的自己。

任何負面的情緒是身體的一部分，好比內在人格和小我也是我的一部分，隨時觀察雙方的行為，是在攻擊還是在防禦呢？並從中學習如何溝通。

從生活中，覺察各種事件，來理解自己的情緒，療癒並解開過往的創傷和信念。與對方學習過程中，找回勇氣和自信，並尋找適合自己心中追尋的答案。

我透過分享我的經歷，或許能理解自己在哪個階段。在各個階段，我感受到最需要的是提升心性，而提升的方式，便是持續透過各種角度來理解，找到適合自己的答案。當理解越多時，心性也會自然提升，好比自己為何而來？了解後要用什麼樣的心態來面對未來呢？

幸福之旅猶如覺醒，持續解開各種事件循環的功課，如同在轉動的圓上找到出口，好比放下對自我限制的想法。當再次面對相同議題時，能走出屬於自己的道路，如果持續解開限制的想法時，內心會有什麼轉變呢？

在這條路上，我感受到過程比結果重要，好比一路走來經歷過的事件，能從中學習到什麼呢？各個階段遇到的人事物，帶給自己有什麼啟發呢？

目次

第三章 尋找

第四章　探索

第五章　深入

第一章 啟程

任何人擁有獨特的旅程，從出生的家庭到踏入社會的過程，在人生這條路上持續的互相學習與成長。任何人有各自的生活習慣，透過互相認識，學習到彼此的想法，俗話說：「近朱者赤，近墨者黑。」這句話換個說法，在各種環境下，從身邊的親朋好友，學習能提升自己的方法，從中理解並改善內在的行為和想法，當能融會貫通時，代表在幸福的道路上。

從生活中接觸到的人事物，是一關又一關的磨練，每道關卡學習到技能，讓內心逐漸的成長茁壯，也許是奮鬥後成功的喜悅，或是絕望後重生的眼淚，過程中或許起起伏伏，適時拿起勇氣面對內心最脆弱的自己，找回面對生活的熱情，好比電視由黑白轉變成彩色的畫面。有時當下瞬間的想法，會給自己新的契機與機會，如同這本書，理解完整的自己，展開擁抱自己的幸福之旅。

1 奮鬥的人

幸福的人生有汗水，也有淚水，在持續地學習過程中，與身邊的人互相鬥爭和比較，是想爭取成就？或是為了生存？還是在理解並認識自己呢？

小時候有款遊戲，相信有玩過會有些印象，主角持續在關卡裡闖關，途中吃了某種蘑菇會長大，遇到敵人要避開或面對，吃了另種蘑菇會加命，直到闖進下一關。

或是從角色扮演的遊戲裡，自己好比主角，要提升等級，解開任務時會獲得寶物，這些寶物代表什麼呢？而任務會有主線和支線劇情，如同遊戲裡闖關和打敗魔王的關卡。

遊戲的關卡好比是人生會遇到的困難，持續在同個關卡闖關，關卡的困難度也許決定生死，覺得自己會是在哪一道關卡呢？關卡的難易度會是如何呢？有思考過需要用什麼方式才能闖關嗎？或是如何讓每道關卡升起勝利的旗子，打敗最後內心的魔王呢？

遊戲裡的爬藤，像是捷徑讓挑戰者能更快速的通關，要如何尋找到爬藤呢？覺得爬藤會是什麼呢？是父母？朋友？老師？事件？貴人？還是自己？

在經歷過許多關卡後，我才知道相遇的人，是互相學習的對象，也是爬藤，能透過溝通，學習到相互接受的想法，例如：友善、友好、禮貌、尊重、誠實、信任、原諒和包容。

內心猶如有個指南針，當人生走在喜悅的道路上時，心會感到很舒暢，覺得需要多少的時間，去學習理解完整的自己呢？或許能從我的旅程與學習到的故事和經歷，讓踏上幸福旅程的人，也能讓自己和身邊的人幸福，一起共同地走在幸福的旅程。

有時候卡關或是心情低落時，翻開卡牌會感受到溫暖和指引。在過去幾年靈擾的狀況越來越嚴重，直到在二〇二二年一月透過朋友推薦一門課後，我在塔羅牌的指引下，以及從生活中看到特定的數字，像在指引我要開始踏入尋找自己遺忘的拼圖。從課堂上，透過老師過去經驗的引導和學員間互相的交流、協助與學習，猶如爬藤般，讓我找到我為何而來，如同找回遺忘的拼圖，直到我收到期中考的邀請函。

雖然旅途中經歷許多挫折，但持續克服後，會越學越開心，也許找到自己喜歡做的事，能建立屬於自己的生活模式，並心滿意足的過每一天。而我分享我的方法與看法，也許能從中找到並建立屬於自己的信念模式，當再次遇到負面的想法時，要學會自然轉換成正面的思路，寫下屬於自己旅程，再分享給身邊的人學習，互相共同成長與茁壯。

後來我在二〇二二年七月催眠課程中，探訪個人的元辰宮（心靈花園），我看到房子外觀像紅蘑菇，其他學員說很特別，一般是各種樣式的建築物，雖然畫面很模糊，但心中似乎知道是什麼，直到覺醒後，我才明白紅蘑菇代表吃了會長大，或是在告訴我準備踏入靈性的殿堂？猶如在裡面透過擺飾傢俱，來看到自己的人格特質，從而理解自己。

2 尋找生命的意義

小時候很喜歡美術，當專注在畫畫上時，能發揮創意與想像力，並搭配喜歡的色彩，長大後很常看到這類型的課程或繪圖本，透過繽紛的色彩和搭配的線條，能提升專注力，了解自己內在情緒的狀態，並釋放生活中的壓力，從而療癒自己。

大學畢業前，對科系缺乏興趣，那時的我像理工腦，用邏輯理性來看待事物，當我開始在社會裡尋找才能的時候，漸漸封閉了感性和部分情緒，直到從每段經歷逐漸的成長，才漸漸地找回感性的那面，直到能隨意釋放與收縮想表達的情緒。出社會後，長期從事服務性質的工作，但熱情後總會產生倦怠感，有時會問自己，這是我想要的人生嗎？

我時常在思考自己活下去的意義是什麼？是為了父母？工作？賺錢？結婚？傳宗接代？生存？成就？還是夢想？為何身邊的人總是過著相同的人生呢？

從歷史來看，人類彼此循環著鬥爭、嫉妒、炫耀和戰爭，好比跟對方在互相比較，這樣的方式是在了解自己，還是用這些方式來隱藏內心的脆弱？

生活中，跟別人吵架或友善相處時，會喜歡哪種相處模式呢？當下的心情會是如何呢？也許從對方的身上，會看到自己的特質，好比要改善或是加強的部分。

有時我會思考為何宗教要給予那麼多的限制呢？這些是想給自己的限制嗎？還是這些限制是來限制自己？我也會思考，如果真的有輪迴，那每世會是相同性別或性向嗎？如果要上天堂，為何要批判與自己想法相異的人呢？如果有審判，為何要用金銀財寶換取輪迴的資格呢？如果有地獄，那是痛苦的生活，還是離世後的世界呢？

有時自己要學會深入思考生命的意義是什麼？如果輪迴有性別之分，那是要學習什麼呢？天堂是神和天使的世界，如果要上天堂，自己需要具備什麼特質呢？如果有天從物質世界離開時，哪些能帶走呢？如果生活在水深火熱中，那跟地獄有什麼差別呢？

有些答案也許哪天詢問自己的本靈後，便會理解更多關於自己的訊息，好比自己從哪來？輪迴幾世？為何而來？而實際上開悟的過程，便是找回自己為何而來，往內探索理解完整的自己，猶如洋蔥一層又一層的往內剝開，從中找回自己缺乏的特質和遺忘的天賦。

俗話說：「己所不欲，勿施於人。」宗教有各自的立場與修行的方式，自己也能選擇無拘無束地道路，而任何道路是學習，也是挑戰，多參考對方與自己學習到的想法後，再轉換成自己的想法，也許會有新的啟發與見解。好比我從宗教的經典裡，理解到佛教中輪迴和修心的方式，道家中三魂七魄和順其自然的生活，西方宗教中的天使和造物主的存在，將這些拼湊在一起，也許便能找到通往開悟和覺醒的路，最後時常讓自己身心靈保持平衡，珍惜活在當下的喜悅，來體驗靈魂想感受的生活，直到回歸本靈的懷抱。

3 個人擁有的個性

過去的我常常發脾氣，導致生活中難免會有衝突，我開始意識到並去思索原因，為何憤怒的記憶特別清晰？開心的記憶卻是如此模糊？直到有天看到這句話「原諒別人，原諒自己」，事情已經發生了也過去了，好好放下吧！當我時常對自己內心這樣說時，那段記憶也漸漸沖淡，我感到越來越能與對方和自己和平相處，相信自己也能做到，而其中的涵義如下：

原諒別人：理解對方為何會產生負面情緒。在這件事情上，從對方的角度去看待事件過程，也能學習到類似的事件發生時，該用什麼樣的情緒去面對，從而臣服。

原諒自己：持續循環的負面情緒，直到心疲力竭，然而選擇遺忘時，只是短暫的放下，直到臣服後，才是全然的放下，透過每次的經歷，能鑑往知來，防止重蹈覆轍。

有時會常圍繞在相同負面的情緒上，好比執著。在消耗心力後，小我會持續長大，時常會冒出我看見、我覺得、我想要、我決定、我認為的保護自己想法時，也會開始呈現批判的思緒。時常在自問自答中，直到選擇對自己有利或正確的方向，然後當選擇錯誤時，又會再次的批判自己，要如何改善這些思緒呢？首先要理解小我的想法。

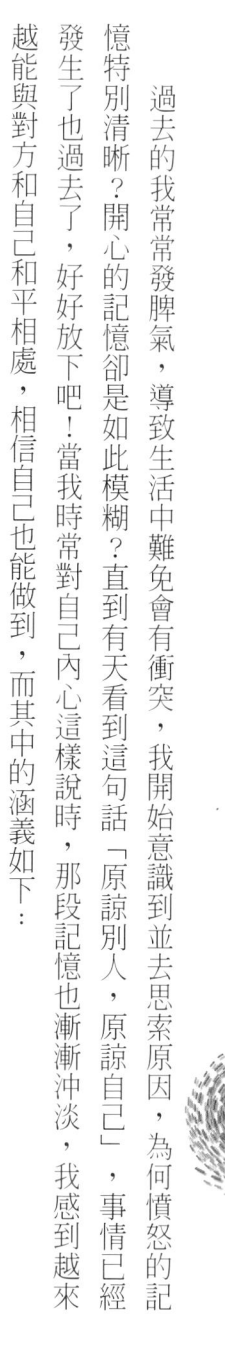

佛教中的**五蘊**猶如**小我**：

色、物質、我看見：從視覺V、聽覺A、觸覺K、嗅覺O、味覺G接收的訊息。

受、感受、我覺得：身體或是心裡的感受。

想、想法、我想要：念頭、欲望、匱乏感來源。

行、行為、我決定：表達、選擇對或錯。

識、了別、我認為：用個人經驗去判斷解釋。

所謂「照見五蘊皆空，度一切苦厄」，這句話個人感覺是人生的苦來自小我，人透過五蘊來了解接觸到的人事物，當擁抱小我後，也是擁抱個人學習到的各種苦難。

在覺醒前，我常常對自己或朋友說：「我缺錢、我沒錢、想要賺很多錢。」也許是社會帶來的影響，這樣的匱乏感，我持續給予正面的話語，直到這樣的聲音越來越小。但在報名身心靈課程時，內心會很掙扎，像是擔心錢會消失，而購物時，內心卻是非常快樂，從而得知小我重在物質的享受，來滿足內在的匱乏，當小我持續長大時，欲望會越來越大，匱乏感也越來越重。

覺醒後，同樣的匱乏會再次出現，我有時跟小我說：「放心吧！」給予溫暖的擁抱後，直到匱乏的想法短暫消失，然而這個方式只能減緩，唯有理解想法的來源，給予滿足與放下，猶如臣服，才能全然的放下。

4 探索的起始

過去在睡夢中，有兩次夢到眼前呈現純白色的景象，聽到女性溫柔的聲音說：「幸福嗎？」我回答說：「我很幸福，很快樂。」慢慢地清醒後，便已淚流滿面，內心漸漸開始相信天使的存在，在與指導靈相遇後，我才知道在夢裡是天使的聲音，也是來自守護神的聲音。

二〇二一年底，我夢到長相像我的人在以前住的房間裡，內心知道他很危險，我在身後拿一把刀深怕他想傷害我，在走進房間後，看到身邊有很多卡牌和道具，然而他卻跟我說「我要離開了」，我感到很驚訝，以為他會傷害我，我便說「我們能當好朋友」。

夢醒後，眼淚默默地流下。過一陣子，我才知道他是我的內在人格，猶如內在小孩，在過往面對會傷害我的事情時，雖然會保護我，但也讓身旁的人受到傷害，覺得自己也有類似的人格嗎？

在過去時常有靈擾的狀況，清醒時會感覺到有黑影逐漸從上方靠近，或是睡夢中的畫面很清晰也很恐怖，我便開始替自己築起一道道牆，以為能安心度過每個夜晚，反而隔絕了與人之間的感受，也難以傾聽別人的意見，在靈擾增加的狀況下，也許是提醒我該面對了。

直到二〇二二年一月，好友推薦我一門課，跟我說能去上看看，我便開始想要了解自己，也許能解開多年來的困擾，而長期接觸身心靈的朋友則是推薦我開始「冥想」。

以前在放空的狀態下，依然有很多思緒會持續出現，直到我開始從網路上聆聽冥想引導，有點類似類催眠，讓思緒有個方向後，更能讓心靜下來，我在初學階段會在房間點上淨化空間的聖木和喜歡的精油，透過引導，想像包圍著白光的保護罩。後來才知道，這個過程在冥想時，能短暫開啟防護罩，抵擋外在的負面能量，防止受到內在負面想法的吸引。

透過持續的練習，腦波會處於θ波，也像是催眠的恍惚狀態，而生活中精神集中的狀態，腦波會處在α或β波，在靈通狀態時，會在有意識的恍惚狀態下，將腦波維持θ波，透過持續的練習，能讓自己更加平靜，隨時猶如在睡眠的潛意識狀態下。

過往在想通靈真的只有天生的人會嗎？還是天生有獨特體質的人才會？直到當我上完天使靈氣後，第一次接觸身心靈課程的學員，從天使接收到的訊息和畫面，比我還要多時，讓我深刻體驗到，這世界上任何人天生有通靈能力，只是在深刻體驗生活下，漸漸關閉這樣的能力，至於為什麼要開啟這樣的能力呢？我感覺能覺察到自己更深入的情緒和內在。

如果開啟靈性能力時，會想跟逝去的親人，還是跟神佛溝通呢？好比追求難以放下的情緒，還是提升自己呢？

我很喜歡跟天使聊天，會感受到很有愛和耐心，跟神佛聊天，滿滿的智慧與憐憫，時常要我自己尋找答案，透過生活持續覺察自己內在的想法，了解如何提升自己。

任何事情展開行動才會開始踏入旅程，機會是自己創造，命運是自己改變，天無絕人之路，跟隨著直覺尋找方向，活出自己的人生色彩，相信是最適合的安排。

5 解開自我的封印

二〇二二年四月，這是我第一次上身心靈的課程，在課堂上，學習到原來靈通能透過後天從頭學習開啟的方式，過程中會有測驗，當自稱是痲瓜的學員能順利通過時，我對上台測驗會感到緊張和恐懼，連試幾次失敗，直到放鬆心情後，才通過測驗。

課程中與學員間互相傳送卡牌圖案的練習時，當我把卡牌圖片傳給其他學員時，有很多能猜中的學員，但其他學員傳給大家時，看著身旁學員很輕鬆的猜中，而我眼前卻是一片漆黑，這件事讓我有一陣子非常沮喪與失落，為何別人能做到，而我卻如此呢？

直到隔週上課前，我去拜訪朋友，他說我的頭周圍有防護罩，我才了解為何畫面是漆黑，因為我把自己給封印了，經過老師引導，在防護罩上開扇門，而我也開始捨棄過往的習慣，外出時會仔細看著周圍的景色，騎車時會聽周圍車水馬龍的聲音，以為隔一陣子會改善很多，卻再次打擊我的信心，也許這就是我的考驗吧！

兩個禮拜後的課程，我無法順利被催眠，才知道被催眠時，會產生很多思緒，大腦完全無法放鬆，聽其他學員說能看到很清晰的畫面時，我非常羨慕對方，也對自己感到難過，心想為何其他學員能辦到，而我卻是一片漆黑？

後來我常執著在為何我畫面是漆黑？直到學習如何「自我催眠」的方式，心中熄滅的熱情瞬間燃起，讓我再次看到一絲絲的希望。

二〇二二年八月在複訓課程上，經過每天「自我催眠」的練習後，我試著與身體器官溝通，當時感覺胃有點脹，我閉上眼畫面看到胃的形狀，呈現痛苦的表情，我問說：「怎麼啦？」胃給我直覺是「喝點水」，結束後我喝口水，瞬間胃舒暢許多。成功後的喜悅，讓我持續練習，好比當別人能做到時，對自己要有信心，相信自己有朝一日也能做到。

後來有朋友面對生活負面的困擾時，我提供簡易開啟防護罩的方式：「張開眼睛朝下持續盯著某個點，直到恍惚的感覺或是有局部發麻的時候，想像白光的防護罩包圍著自己，再想像外面的負能量，當碰到防護罩會被擋住，而正能量能穿過防護罩。」有點像精神集中，但在發呆時恍惚的感覺，或是眼皮狂跳動的狀態，這時便能跟潛意識溝通。

當隨著心境越來越高時，能再次調整防護罩的狀態，如果把所有能量完全擋住，就像把自己封印一樣，如同我從零開始的漆黑之路，但也是這樣的因緣際會下，我才能學到從無到有的過程，也提供給遇到同樣狀況的人。

如果跟我有類似會遇到靈擾的話呢？所謂同質相吸，也許是受到內在恐懼或是渴望吸引而來，持續的覺察內在，尋找匱乏感的來源，了解發生的原因，並選擇放下，相信自己能克服恐懼，後來我才理解內在有位害怕看到阿飄的內在人格，來自童年的陰影。

6 與自己對話

之後的每一天，我每晚睡前會透過「Betty Erickson 的自我催眠法」來訓練自己，開小夜燈後，閉上眼睛，我在心中對自己說：「我即將為了『我的內**視覺V**能看得更清楚、內**聽覺A**能聽得更清楚、內**觸覺K**能感受更深』而進入自我催眠，在過程中，我的潛意識會持續學習，而『我的內視覺能看得更清楚、內聽覺能聽得更清楚、內觸覺能感受更深』。」

（以上雙引號內的詞語，我會換成想要轉化成的正面信念或情緒）

張開眼睛後，我會讓自己完全放空，開始盯著周圍的三種物品，仔細看著外觀輪廓，直到開始恍惚時，再聽著周圍的三種聲音，再感受身上三個地方的觸感，之後，依序遞減各兩種和一種視覺V、聽覺A、觸覺K。關燈後閉上眼睛，想像一種物品的外觀，仔細描繪出來，再想像一種聲音和一種觸感，依序遞增兩種和三種，持續循環直到睡著。

經過一個多月的自我訓練，在之後的催眠課上，我終於能進入催眠狀態，雖然是看到模糊的影像，但代表持續訓練自己的感官會漸漸看到成果，這方法也適用在轉化負面情緒、匱乏和信念，再次遇到類似狀況時，能讓潛意識自然轉換成正面的想法。

在過往遇到覺得倒楣的事情時，我會轉化成正面的想法，好比急著趕路卻遇到連續紅燈時，內心會覺得很倒楣，但換個角度思考，也許是祂們在提醒車速太快，很容易發生危險，這時我會想到，也許這是上天在保護我，防止我受到傷害，心情也自然轉化成正面情緒。

後來與守護神相遇後，我才了解到祂們守護著我，有些事件導致延後，或是用特殊的狀況來提醒我。在生活中，也會讓我看到特定的文字、數字或影像，相信大家的守護神，也很期待有天能與大家見面聊天，會期待當見面那天，要詢問守護神什麼問題嗎？

剛接觸身心靈時，很多詞彙讓我大開眼界，像是視覺，有分內視覺、靈視力和內觀，後來才知道是同樣的意思，指的是透過第三眼，會看到的畫面。當我催眠時，清晰程度比內觀好，也許是過多的想法導致腦波無法穩定在θ波下，例如：會出現什麼畫面？會看到可怕的嗎？會是一片漆黑嗎？

這是催眠時，有時會遇到的狀況，能讓自己深呼吸幾次後，再把意識集中並從頭到腳給予放鬆，或透過轉移注意力，讓思緒漸漸平穩下來，失眠時也能試試看。

過程中那些過多的想法，就像是小我，充滿好奇或恐懼，也擔心自己受到傷害，這也與人之間的信任有關，催眠好比是工具，任何工具像是雙面刃，而使用者的意圖，會決定這工具是哪面，如同在社會上會找信任的人，心裡才會安心。

深入了解靈性世界後，意圖像是丟球的力道，好比佛教的因，科學所指的波，只是會以哪種形式回來呢？或許能在生活中覺察到類似的事件，並從中更了解自己的起心動念。

覺醒後，我看到佛教中的十八界，有點類似催眠時，會應用到相關的內容，當在催眠的恍惚狀態時，會將表意識（六根）先移開，然後催眠師會詢問「有看到或聽到什麼嗎？」像是從潛意識（六識）中尋找問題的答案，最後會依照過往的記憶來呈現樣貌（六塵）。

催眠的過程，是透過催眠師間接引導與潛意識對話，表意識會記得很清楚，我感覺像是在看電影，除非進入到更深層的催眠狀態中，有時太累會睡著，反而需要喚醒重新再來。

我經過長期的訓練感官後，在催眠或生活中，看到的顏色越來越豐富，聽到的聲音越來越清晰，而內在的聲音也會越來越清晰，有時是潛意識會透過感受或直覺來指引方向，或是來自小我保護自我的想法，要漸漸學習如何分辨。在提升感官的敏銳度時，也在提升自身覺察的能力，相對也能覺察到匱乏感和要面對的功課，好比自己常常擔心或害怕什麼嗎？

我有時會做白日夢，夢想成為什麼？或是會回想過往的決定是正確的嗎？時常在否定過去的自己。後來才了解到要面對的是當下，現在發生的事情，能從學習到的事件中鑑往知來，為何要後悔過去所做的決定呢？為何要批判過去的自己呢？

而夢想會讓自己活在虛幻的世界中，如果缺乏行動，那便是原地踏步。在回憶與夢想裡思索，也許從中能尋找到自己人生目標是什麼？或是喜歡且能從學習中獲得喜悅的事？

當找到時，持續專注在目標上，會感受到時間過得很快，有點像是在心流裡，在完成各個階段的目標時，持續覺察在過程中獲得的喜怒哀樂，從中獲得什麼啟發與感受呢？

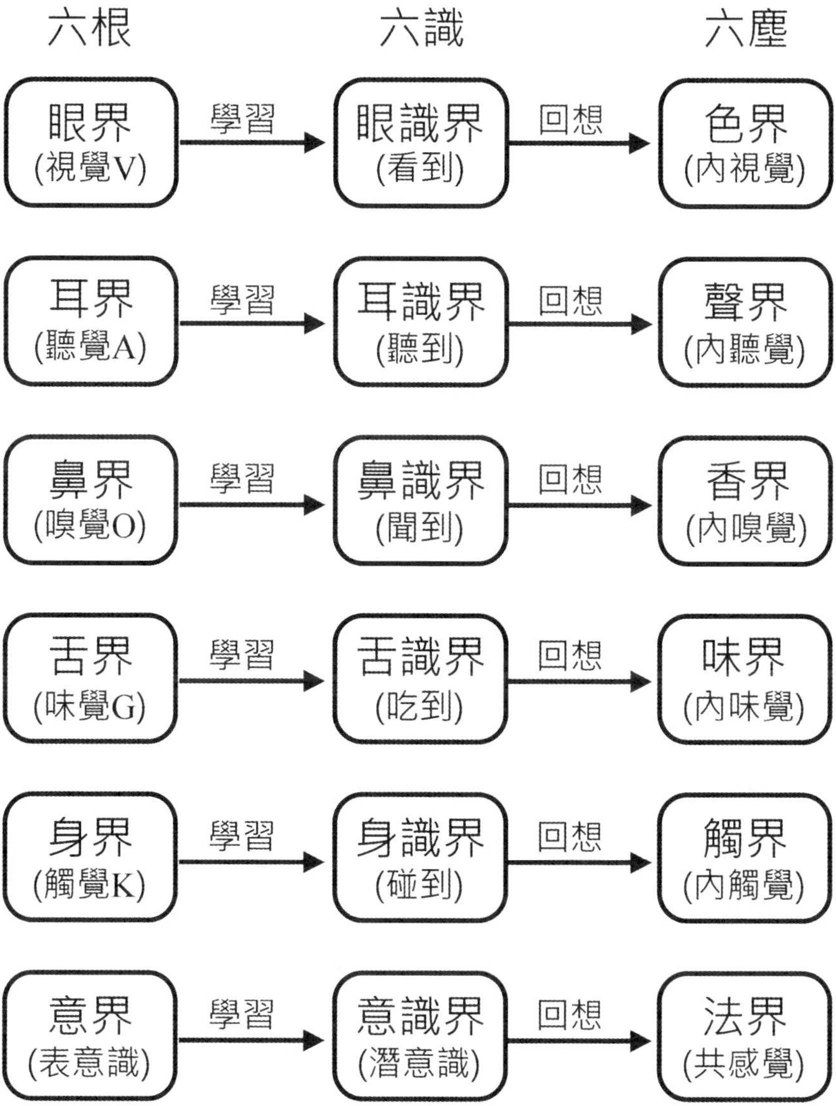
六根
六識
六塵
眼界
(視覺V)
學習
眼識界
(看到)
回想
色界
(內視覺)
耳界
(聽覺A)
學習
耳識界
(聽到)
回想
聲界
(內聽覺)
鼻界
(嗅覺O)
學習
鼻識界
(聞到)
回想
香界
(內嗅覺)
舌界
(味覺G)
學習
舌識界
(吃到)
回想
味界
(內味覺)
身界
(觸覺K)
學習
身識界
(碰到)
回想
觸界
(內觸覺)
意界
(表意識)
學習
意識界
(潛意識)
回想
法界
(共感覺)

十八界與感官

7 關鍵的拼圖

二〇二二年六月的催眠課中，有時會有很多思緒，能感受到大腦很脹，無法順利進入催眠狀態，現在想想，也許是小我或內在人格過多的期待或恐懼。

我很常煩惱人際關係，因此想探索「人際」的匱乏感來自哪裡？當我被催眠時，我只看到周圍很高的草和天空的月亮，也許有什麼涵義？為何視野這麼低？難道我是動物嗎？

後來想探索更深入時，畫面一片漆黑，直到透過其他催眠引導方式，剛開始我想像自己拿著喜歡顏色的畫筆，在眼前畫上想畫的圖案，我用綠色畫了一座座山，紅色畫很多朵花，藍色畫了天空中的雲朵，黃色畫了顆太陽。

之後，我進到我想像的畫裡，我看到天空布滿濃煙，好像森林發生大火，隨著畫面播放，看到太陽掉下來了，並從直覺中感受到森林代表世界，太陽代表人類，整體代表毀滅，然後內心湧現非常難過的感覺，眼淚從臉頰滑落，似乎開始明白「這世的目標是什麼」。

讓我回想到在國小某個階段時，有個想法很自然出現「幫助對方會得到回饋」，但那時覺得幫任何人，反而常被忽略，哪會得到什麼回饋？因此越來越少主動幫助任何人，也許在告訴我，跟人的議題有些關聯。

後來從催眠中探訪元辰宮（心靈花園）時，看到我的生命樹像煙火樹，彩虹般繽紛的樹葉，但樹葉像刺一樣，這也許是別人對我的觀感，如同帶刺的樹葉，直到我開始將個性改善，再次探訪時，樹葉變得圓融，也開始恢復生機，看到些許的蝴蝶、昆蟲和花朵。

有天上課的休息時間，一位姊姊正在玩猜卡牌圖案遊戲，當其他學員拿起卡牌時，馬上就能猜中，然而輪我拿起卡牌時，卻是沉思很久且猜錯，在那之前跟其他學員練習時，也是同樣的狀況。姊姊說很像是有一道牆擋住，我心想會是防護罩嗎？之後，我的靈魂透過她傳達，她說我封閉了某個東西，那時候思考了很久，我才知道跟悲傷的情緒有關。

小時候被教育「男兒有淚不輕彈」，讓我封閉了悲傷，會對自己說：「哭只讓自己更難過，會讓對方看到弱點，為何要哭？」像是在喪禮上，面對長輩的離去，覺得人的一生持續循環，遲早有天會離開，差在早晚與離開的方式。看著親友此起彼落的哭聲，縱然內心很難過，但想哭的感覺會忍住，好比在提醒我，該哭就要哭，該笑就要笑，自然讓情緒流動。

二〇二二年八月，剛開始的課程複訓前，我透過錄音來催眠自己解開了「悲傷」，在課堂上與那位姊姊相遇後，我的靈魂再次透過她轉達：「牠曾經被人傷害過，因此充滿怨恨和悲傷，想自由。」姊姊說「要牠放下」，我在心裡看著牠並跟牠說：「好好放下，過去了，一起面對，讓這個世界變得更美好。」然後我給予擁抱，看見與牠的手相碰後達成協議，經過這次經歷，我開始回想之前催眠看到的景象，並思索著靈魂是什麼呢？

學催眠前對前世今生很感興趣，也許某些想法與前世有關，後來才知道事前會經由特定的主題來進行前世催眠。好比今世過往的記憶很多，從想探討的主題能快速找到原因並給予處理，有時是透過擁抱與過去的自己達成和解，有時是分離往事的傷痛，來放下執著的自己。

對於前世有各自的說法，好比看到前世是偉人，或許是呈現類似的情境，直到我看見前世的景象與靈魂有相似之處，而且部分個性有點類似，我開始思索身心靈常提到的靈魂碎片，或是道家提到的三魂七魄，這前世的景象會是來自於魂？還是魄呢？

剛開始會覺得催眠只是催眠師協助對方與自己達成和解，後來回想過往催眠協助的朋友，也有部分議題跟自身相關，如同同質相吸。在生活中，能思索自己週遭的朋友，跟自己或許有共同的議題，從中能尋找自己要學習的功課。過往的創傷，有點類似各個宗教提到的苦，而佛教提到「照見五蘊皆空，度一切苦厄」，當了解苦的來源，也許放下會很簡單。

催眠的**匱乏感**或**信念**與佛教的**四聖諦**關係：

苦諦：匱乏感或信念像八苦（生、老、病、死、愛別離、怨憎會、求不得、五蘊熾盛）。
集諦：產生匱乏感或信念的原因像**三毒**（貪、嗔、癡）或**五毒心**（貪、嗔、癡、慢、疑）。
滅諦：理解與放下匱乏感或信念。
道諦：催眠的手法，擁抱、滿足後放下。

催眠的**創傷**、**信念**與**八苦**的關係：

生：為生活煩惱的恐懼。

老：害怕年老的恐懼。

病：害怕疾病的恐懼。

死：害怕死亡的恐懼。

愛別離：與親情、愛情、友情有關。

怨憎會：對人事物容易憤怒、怨恨。

求不得：對財富、感情、事業、物質的欲望。

五蘊熾盛：想改善的個性、自信、勇氣、誠實、毅力、包容、信任、耐心、安全感。

產生匱乏感的原因與**五毒心**：

貪：欲望，想填滿內心缺乏的想法。

嗔：報復，想戰勝打敗對方的想法。

癡：無知，執著自己的想法。

慢：傲慢，驕傲自大的想法。

疑：懷疑，自我否定的想法。

人從出生開始會面臨從家庭到社會時期累積的創傷和信念，試著去擁抱這些匱乏感和信念，學會理解與擁抱自己的情緒。像是催眠時，會透過潛意識，來回溯創傷的記憶，讓對方去理解當時的狀況，有時也會轉換視角，用更多角度去看待這個議題，最後用現在成熟的自己，擁抱過往的自己。

所以越愛自己和他人，相對力量也越強大，代表有負面情緒時，能給予更多的溫暖，而當自己能透過冥想，來覺察這些負面情緒來源，並給予療癒，代表能勇敢的面對自己。

催眠考驗催眠師的毅力與耐心，當在催眠狀態時，很容易受到外界情緒影響，也許是因為腦波介於θ波和α波，像是有意識的做夢般，然後透過催眠師的引導，來尋找深層的記憶。很像托夢或是靈擾時，在夢中有時會看到清晰的影像或聽到的聲音，醒來常常忘記做過的夢，這也許是生活時常在注意力集中的α波，如果腦波越接近θ波，便會像清明夢。

如果記得夢境時，試著將夢境寫下來，並去了解夢要表達的意思，也許是潛意識、靈魂或守護神，透過夢來傳達一些訊息，或許有時看到某個場景，會感覺好像在哪裡看過。

隨著自己漸漸學會理解與擁抱後，再次做夢時，我會去幫助夢裡遇到的人事物，讓自己像是溫柔和充滿愛的母親，有時感覺主角是其他人，看著這個夢境能帶給我什麼感受或啟發，也許有共同的議題。

如果內心感到恐懼，我會請大天使麥可和大天使拉斐爾，讓整個空間和我充滿光，而我內心那份恐懼，感受到被擁抱後，負面情緒也會漸漸安撫。在睡覺時能試著帶著好奇心，也許透過夢裡來學習的過程，會很生動，也會很有趣。

在現在的人生階段，會感嘆求學時的決定嗎？還是後悔工作上的選擇？或是對人生感到迷網？當失去方向時，學習讓自己靜下心，詢問自己從事哪方面會開心呢？

在過去我很常後悔唸錯科系，在大學畢業前缺乏興趣，後來從事非相關工作，然而待遇和倦怠感，讓我常常後悔過去的選擇，但我從過往旅程中，學習累積到的技能和經驗，還有相遇的人事物，才能提升覺察內在的情緒，並勇敢與過去的自己達成和解。

像是學烘培時，從製作甜點的過程中，我能開心的專注其中，在學習路途中，也磨練出耐心，好比能耐心的教導對方，而從每份新的工作，會從新人開始學習，也會理解被教導時的心情。

當收到鼓勵的話語時，心情好做起事來也會更開心，或許在鼓勵對方後，看到對方成長，自己會跟著開心，也會感受到自我肯定。

在覺醒後的夢境裡，我夢到我在辦公室、科學、休閒各種領域的身分，像是我選擇另一條路的人生，讓我理解到，每個決定會各有自己的成就和經驗，任何事情的決定權在自己手上。

有時能從與別人的聊天中，尋找自己從事哪方面會很開心，好比我對探索身心靈和做任何事情獲得成就感時，會感到很開心，當持續做類似的事情時，也會對明天充滿期待。

而走在覺醒後的生活裡，也希望能讓身邊的人，能走在同樣的道路上，持續散播幸福的喜悅，試著思考自己想要完成的目標是什麼呢？同時自己也很喜歡的領域會是什麼呢？

當找到時，或許也找到幸福旅程裡遺忘的拼圖，拼完後會出現什麼呢？

8 與靈氣相遇

在催眠課上，練習解讀卡牌時，第一次使用天使卡牌，我從兩副卡牌各抽了三張，第一副是「拿回你的力量、富足、耐心」，剛開始看到文字敘述很開心，以為代表過去、現在和未來，也許內心知道其中的涵義，直到覺醒後再次看到卡牌時，我才知道是身邊的守護神，在提醒我如同上面的敘述，要有耐心和富足。

另一副是「海底輪（家庭、事業與財務狀況）、顯化能力（運用天賦和天生能力）、大天使拉斐爾（天使在身邊協助療癒工作）」，看著這幾張牌，像是跟內心的匱乏感有關。當時與父親的關係，還有對事業和財富的匱乏，要我提起勇氣和自信去面對，冥冥之中也許有安排，那陣子對靈氣很感興趣，在猶豫上天使相關的課程時，便看到相關的公益活動。

參與活動過程中，老師透過卡牌傳遞天使訊息，翻開後，牌面是「創意書寫」，當時在想是要我寫文章嗎？直到當我上完天使靈氣，頻繁抽到這張卡牌時，又好像是要我寫書？

然而當指導靈來時，我才知道能將這段經歷分享出去，也許是當我決定開始這段旅程時，有趣和神奇的事，便持續發生，像是某遊戲進到神秘通道，越過中間的障礙，將每道關卡升起闖關成功的旗子後，再往下一道關卡前進，讓我懷疑巧合也太多了吧？會思索世界上有巧合嗎？還是安排好的劇本呢？

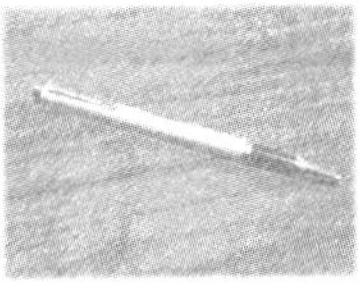

二〇二二年九月第一次接觸天使靈氣，想說已經有些基礎，對自己很有信心。課堂上學習用靈氣療癒他人和自己的各種方式，了解到接收天使的能量後，再透過療癒師如同管道傳遞給被療癒者，只需專注與感受能量的流動，靜靜的等待天使要傳遞給療癒者的訊息。

天使靈氣主要是療癒心輪的位置，與愛的能量有關，而天使如同愛的發電機，能產生愛的能量。在過程中，我能感受到天使細緻能量的振動和能量在身體溫暖的流動，感覺心的位置也漸漸溫暖起來，像是原本胸悶的感覺，會感到越來越舒暢。

我剛開始心很難平靜，有複訓的學員說我會用到自己的能量，我才明白出力時會用到自己的能量，也學到如何分辨自己和天使的能量。然而當老師要每位學員詢問天使並用直覺接收訊息時，會冒出很多想法，我持續在想會有什麼訊息？有什麼畫面？哪時候會告訴我？結果產生自我思緒過多的狀況，讓自己無法靜下心。

之後個別分享時，複訓學員能夠侃侃而談和切入重點，第一次接觸身心靈的學員，也能說很多感受到的狀況，而我卻只有看到模糊的影像，感受到信心被重重的打擊。直到老師問說：「直覺像看旁邊的學員，有什麼感受？」我回答「豐腴和善」。

後來互相練習時，我讓自己放輕鬆保持冷靜，便開始收到直覺般的訊息，也逐漸恢復信心，透過學員們互相討論，我漸漸地了解內心有哪些狀況需要再面對，在過程中發生蠻多有趣的事，也了解學靈氣很簡單，還能透過遠距離療癒對方，好比通靈也是遠距離，兩者會有什麼關係呢？

透過天使傳遞的訊息，有時是連續撥放的畫面，我會讓自己放輕鬆像是在看電影。有次學員互相療癒前世時，我看到對方像是在正方形和三角形的地方，畫面切換到滿滿的尖刺，最後看到像是肌肉、骨頭和關節的畫面，聯想到盜墓賊之類。

換對方時，他看到旁邊的草很高，像在地上移動，讓我想到我之前催眠也看過類似的畫面，也許在驗證同件事。

過程中還有邀請揚升大師來協助，揚升大師是指開悟升天後的人，從中能感受到大幅度的振動。我請對方邀請聖哲曼大師，事後對方傳達說：「這小子是誰？」還有遠距療癒朋友時，朋友回訊說能感受到能量的流動，而我看到像是器官的畫面，跟他的健康狀況有點相近。

在最後一天，透過老師的引導，跟隨意識前往天使王國接受天使們的賜福，過程中，我閉上眼睛，持續往上離開地球前往天使王國的途中，我看到聖哲曼大師在對我微笑，當我穿過一層又一層的雲層後，來到一座充滿金色光的宮殿，老師依序說出好幾位天使的名字時，看到高大有身形的光依序出現，像是有個聲音或想法對我說：「你，終於來了！」心中開始湧現出一股悲傷的情緒，與天使們感謝道別後，我眼淚便開始流下，現在回想起來，像是跟我說「山頂快到了，繼續加油吧！」過程讓我感受到像似意識出體。

種種的經歷，我開始對天使深入了解，也理解任何人擁有守護天使，在來這世界或離開時，便是透過守護天使的協助，而我的守護天使，代表勇氣、自信和行動力，也跟我缺乏的特質有關，有時也能自己的召喚守護天使，與祂一起成長學習。

最後老師透過默基瑟德傳訊並送了一支筆給我：「感性、想像力豐富，但常常將天馬行空的想法拉回現實，能將想法寫下或畫下來。」後來有天集體催眠時，我進到心靈房間，看到寶箱內這支筆的外觀，有著沉穩厚重的感覺，才知道原來會收到祂們給予的禮物。

想當初剛進到元辰宮（心靈花園）時，打開寶箱卻很空，後來的旅途中漸漸收到神佛和天使的禮物，有些有功用或純象徵的作用。看到朋友的文章說「有次起歪念，禮物被收回去」，這也提醒我要隨時保持善良的心，或許有天在旅程中，會收到祂們的禮物，帶著每份禮物，持續朝著自己的目標前進，會好奇自己的寶箱內有什麼禮物嗎？

我時常感覺當人很辛苦，把身邊人的話常常當耳邊風，直到太多的異象持續提醒我，隨著持續訓練自己的感官與接納過去的自己，我漸漸看到更豐富的色彩，也願意面對現在的自己，開始感覺到這個世界很有趣，生活中也充滿小樂趣，當發現的時候會很開心。

一直以來受到家庭影響，隨家人拜固定的廟宇，接納任何宗教，也尊敬天上的神佛，學習祂們的特質，好比慈悲、憐憫、友善，彼此互相尊重，而身為人也能學習這樣的胸襟，但有時會懷疑祂們真的存在嗎？

直到某次朋友說我身邊有什麼時，我開始回想曾經做過的事情，完全符合他的敘述，我才深信靈性世界的存在。而天使靈氣讓我相信天使的存在，能感受到也能跟祂們溝通。

覺醒後，隨時也能與神佛學習，好比拿起電話撥打，相對也能跟造物主（源頭）聊天，祂充滿慈悲和溫暖，會關切我說：「之後的目標是什麼呢？」

隨著天使靈氣課程結束，平時的練習也格外重要，在幫對方療癒的同時，自己也會跟著療癒。面對面時，被療癒者採睡姿，而療癒師採坐姿，當自己是療癒者時，很常舒服的放空或睡著，而催眠則是要專注聽到催眠師的聲音，睡著反而要重新喚醒。

經過長時間錄音自我催眠後，有時候我在放鬆階段的時候，已經睡著，當聽到喚醒時，才醒過來，反而遺漏中間重要的過程，好比在集體催眠時，會聽到此起彼落的打呼聲，有時老師問起心得時，台下的學員就像剛睡或難得能熟睡的樣子。

剛開始學天使靈氣時，發覺到身體會逆時針或順時針轉動，像是靈動或是人體靈擺，而速度和幅度，或許跟想處理的議題有關，能感受到能量從頭頂湧入，並從手傳向對方，會進入恍惚的狀態，過程交由天使運作，在事後雙方會感到很舒暢，像是打通身體的經絡。

在長期療癒自己後，內心的聲音也會越來越清晰，漸漸知道自己對財富和人際充滿匱乏感，還有執著於第三眼的清晰度，這些像是從小成長的過程，或是經歷生活和社會環境累積下來的想法，好比拼命工作賺錢的人生，但還是很擔心退休生活的想法，或是很常擔心家人未來的生活，例如：要有穩定的工作、要找到對象結婚、有小孩老了才有人照顧。

有時逆向的思考，這些想法來自於哪裡呢？是來自家庭，還是社會的影響呢？

經長期累積下來的想法，會逐漸刻印在心裡，覺得會在小我？內在人格（內在小孩）？還是在哪裡呢？如何才能勇敢面對這些沉重的議題呢？

二〇二三年二月某天看網友動態，語氣完全改變，從文中透露說身邊有位弟弟，充滿玩笑與威脅要解除好友的文字，感覺像是要我學習的功課，過程中我默默地用天使靈氣遠距療癒對方。當第四天的凌晨療癒時，冒出負面想法：「我要他死，一起陪我下去。」像似聽到年輕男性勒索的語氣，後來我要他放下，最後我說未來很美好，就像那一道光，瞬間看見上方漆黑的地方出現一道光慢慢擴大，然後意識浮現大佛的樣貌。

詢問守護神後，理解來訪的是地藏王菩薩，剛好同天我正在寫這篇文章，也意識到這樣的聲音就像與自己對話的聲音，只是音調和口氣差很多，過往我的內心也時常冒出各種情緒的想法，以為是自己意識的想法，才知道有些是來自內在人格或小我的想法。

看完上述的故事後，也許內心會冒出類似的想法，好比在說：「怎麼可能、真的假的、假的吧、有點瞎、謊話也要打個草稿、騙誰呀、掰的故事吧、瘋子、身邊是惡靈吧、走火入魔了吧、別人的故事吧、很會杜撰、這沒什麼，聽過更精彩的、這還好吧、感覺毛毛的、好可怕、我做不到、不要做白日夢、是幻想看清現實、還好我是麻瓜、我也好想這麼厲害。」

當有這些想法時，請思考看看，如果與神溝通時，內在聲音這麼多，要如何分辨呢？好比過往我擔心找工作的時候，會出現「放心吧！」的想法，當時感到很納悶，後來理解後，我感受到是高我的想法。高我是規劃靈魂藍圖的一部分，而表意識也是祂的一部分，最後會回歸並結合在一起，好比任何生命也是各自源頭的一部分，最終會回歸各自的源頭。

9 意外的讀書會

旅途中我常尋找如何讓內視覺看得更清晰的方式，聽了網路上的教學或是音樂，但還是同樣的狀況，直到二〇二二年十月參加跟臣服有關的讀書會，當時各自分享自己從書中體會到的心得，接著用卡牌了解需要臣服哪些情緒，以及臣服後會得到什麼。

那時我說我的內視覺畫面一片模糊，某些朋友卻能看得很清楚，這時有位姊姊說：「你很在意這件事嗎？」後來這句話讓我思考為何要執著在畫面，便開始放下這部分，朝訓練我的直覺方向走。

在那之前我參加天使傳訊的公益活動，老師用天使卡牌，蓋牌時能說出我要面對事情的看法，加上之前某些學員也能辨到，以此效仿，我開始訓練用卡牌，當抽牌後蓋牌，手放在上方，靜下心去感受卡牌帶給我什麼感受與訊息，開牌的時候搭配卡牌上的文字和圖畫，來了解更完整的內容，經過一次又一次的訓練，跟卡牌上的內容也越來越相近了。

我持續用心去感受和透過直覺去學習後，能提升覺察能力也能用心去辨識收到的訊息，好比跟神溝通時，太依賴看到的畫面下，要如何分辨是來自於神的訊息？還是靈假扮的呢？

曾經聽說過「近視是因為害怕看到內心恐懼的事物」，但現在的我會說「近視是要讓自己少用眼睛去看這個世界，用心去感受吧！」

第二章 擁抱

相信這世界上有完美的人嗎？還是會想成為完美的人呢？
會對自己感到滿意嗎？還是羨慕別人的生活呢？
喜歡自己的家庭嗎？還是想要有個幸福的家呢？

家庭像是縮小版的社會，會相遇也會離別，家人是互相學習的對象。
從學校的老師和同學，到社會的主管和同事，彼此間是團隊，也是互相學習的對象。
國家與人民間的共識，建立在信任上，互相學習的過程才會進步。
國與國之間的學習，讓自己的人民安居樂業，也讓這個世界維持和平。

接納過去的自己，擁抱過多的夢想，在幸福的路上，擁抱是最棒的禮物。

10 填補內在的匱乏

一直以來跟父親關係有些隔閡，在二〇二二年九月便和父親一起完成工作，化解彼此間隙。常希望能財富自由，因此透過投機造成的虧損，對於金錢的渴望，後來花很長的時間才慢慢填補，漸漸地降低匱乏感，但小我偶爾還是會出現說想要錢，與小我溝通並給予擁抱後，能短暫放下財富的匱乏感，有時會思考，匱乏感只有來自小我嗎？

從科學角度來看，讓物體產生振動時，相同振動頻率的物體，便會產生共振，也就是「同頻共振」。情緒的起伏有各自能量產生的能量，相對會吸引同樣的人事物，好比「同質相吸」，像是失戀的時候，會喜歡聽失戀組曲、有相同理念的人會喜歡聚在一起。

為何很多人喜歡正能量的文章，對負能量的文章，敬而遠之呢？為何也能從文章中感受到情緒呢？好比遠遠看到悲傷或憤怒的人，任何人看到便會感受到負能量，想離遠一點，如同充滿負能量的文章，會帶有當下負面的情緒，也能從中感受到作者的心情。

從生活中，與朋友相遇時，有時會有各自的想法，而各執己見，我說我們在互相傷害，也在互相學習對方的觀點，透過溝通讓彼此互相成長，後來發現到也有共通要學習的功課，好比類似的信念或匱乏感，讓我深思相遇會是偶然嗎？

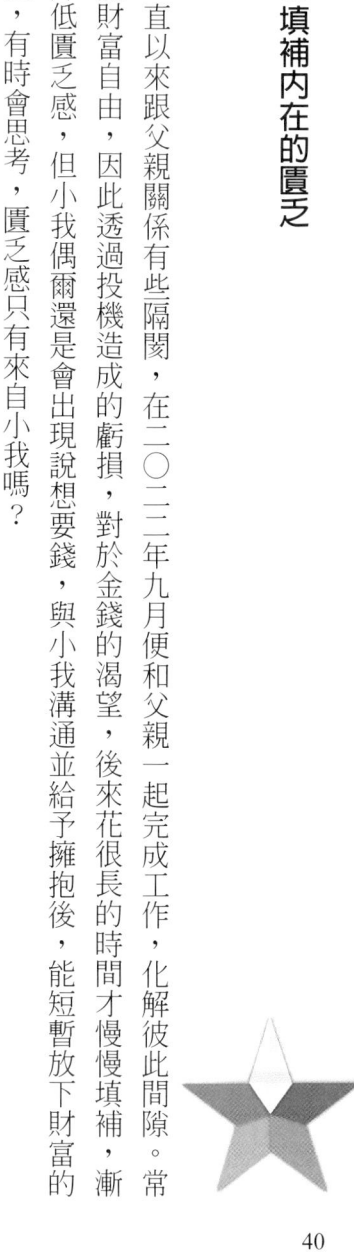

二〇二二年八月我在客運上，當我內觀進入我的元辰宮（心靈花園），看到供桌上坐著關聖帝君，祂跟我說「做人要誠實」，讓我了解到做任何事情要對自己誠實，善意的謊言有時會是另種傷害，好比神與神之間也是誠實互信，試著詢問自己能做到誠實守信嗎？

我時常提醒自己，多體諒別人，給予包容，所謂「一人得道，雞犬升天」，親朋好友是貴人也是同修道友或亦師亦友，放下比較、鄙視、驕傲、憎恨和欲望，互相交流學習成長，完成各自的目標，當越多人做到時，讓這世界更加的美好，更加的幸福，更加的和諧。

過往看到新聞上的暴力流血事件，縱然壓抑著悲傷的想法，但心中湧現難過的情緒，讓眼淚難以停止，似乎內心有話要對我說。

很久以前偶然看到超級旅行者製作的 David R. Hawkins 博士的情緒頻率表，當時還懵懂無知，看到開悟感到很好奇，好奇開悟後會發生什麼事呢？我開始去思考已經擁有哪些情緒，但有些很深奧，好比無是非對錯，這涵義是什麼呢？當時也與自己約定，如果能達到，將我所接觸到的再分享出去，也許世界會有所改變吧！

我探索的起始是偶爾會受到靈擾，替自己設了一道道防護罩，但在睡夢中依然會受到干擾，而且會記得夢裡的故事，好比在夢裡我看到在同張床上，棉被裡有團光，四周則是漆黑，朋友說：「當完整的故事說出來時，會連結到相關的靈體。」他說那團光是附近土地公在保護我。後來我還夢到去某個地方，原本忘記了，直到去朋友家時，場景和內容像在夢裡見過，才了解要習慣將夢寫下來，也許是在指引要學習的方向，或是相關的功課。

在接觸身心靈的課程前，有時看到特定的數字，或是感同身受的文章，還有上映電影裡的劇情，感覺能從裡面找到答案或方向，好比同質相吸般，也許跟著直覺走會有什麼有趣的事情發生。

在過去曾經拜過月老，當時連續抽籤擲筊十三次才確認籤詩，後來照著直覺走，便遇到伴侶，再次看到雙方的紫微斗數時，上面的敘述很符合雙方的個性，也許姻緣能透過月老協助，但後續還是要靠雙方經營，透過行動來維持良好溝通，讓彼此互相關心對方，並學習雙方的生活模式，如同童貞的小朋友，互相關心和鼓勵對方。

從小開始接收社會的價值面，像是職業、財富、物質層面，這些長期累積的信念，後來感受到存在於小我或是更深層的內在人格裡，我會去感受要我理解什麼，然後用母親般的溫柔去擁抱，給予適當的詞語，將分裂的人格完整合一。

隨著提升自己的心境，能面對以往害怕的議題，達到心境猶如靜止的大海，面對任何恐懼要勇敢面對。當內心越清淨時，也能清楚的辨識，是自己的想法，還是神佛的訊息，保持正念，也是持續要學習的過程。

經過靈性團隊的協助，我分享過去經驗並試著製作「個人的情緒與能量」圖表，這張圖是以我的感受製成，還有參考電影、動漫和宗教，所製成的幸福過程攻略圖，供大家參考。

從過程中，理解到情緒能量越輕盈流速越快，越沉重流速越慢，當下能量的平均值會牽動許多層面，好比吸引的人事物，因此要學習如何維持平衡狀態，持續自我覺察並擁抱負面的情緒，才能維持身心靈的平衡，達到善的循環，順其自然的活在當下。

在生活中，常用正負能量來形容許多事件，好比看到抱怨、失戀、自殺的文章時，會感受到沉重的情緒，有時選擇安撫或是略過。而與對方面對面聊天時，當把負面情緒往對方丟時，對方便要接下這些情緒，相對也會被貼上負面的標籤。

如果常熱心幫助對方時，對方或許會貼上好心人或工具人的標籤。如果常傷害對方時，或許會被列入黑名單。所以能試著思考，當想到某人時，對他的印象是正面，還是負面呢？從中回想造成的原因是什麼呢？並理解是哪種情緒，會讓對方加分或扣分呢？

在戀愛遊戲裡，主角對心儀的對象話說到心坎裡時，友誼數值會提升，而同句話在其他角色身上，或許會有反效果，相對在物質世界裡，也是同樣的狀況，一句話會有各自的解讀。

平時能將自己說出來的話記錄下來，從中判斷這句話有哪種情緒和涵義，會讓對方感到正面，還是負面情緒呢？同時也能夠更深刻的理解自己，從事哪些事和說哪些話，能在各種領域取得適當的平衡點，來贏得掌聲和好感。

從自己說出來的話，也能知道自己有哪些信念和匱乏感，好比我聽到其他學員說「負債才能讓我有賺錢的動力」，為何要讓自己活在負債的壓力呢？為何要給自己這麼沉重的信念呢？有想過自己對各種議題的信念是什麼嗎？這些信念來自哪裡呢？

如果將各種文章和聊天的內容，加以分析和學習有什麼情緒、信念、匱乏感，當領悟其中的道理後，代表自己逐步的成長，從中訓練自己的思路，面對各種狀況能得心應手時，讓生活變得很有趣，相對也要更了解情緒的內容。

個人理解的情緒以正負能量來表示，從細項能選出自己理解哪些情緒呢？

如果理解越多，代表自己對同類型的情緒，感受也會加深，如同共感。從中能透過生活的人事物，來探索自己需要多了解哪方面的情緒，讓自己更加理解自己。

「負能量」

執著：惡性循環。

憂鬱：抑鬱、憂慮、擔憂。

躁鬱：絕望、焦躁、內疚、羞愧。

悲觀：心碎、心痛、悲傷。

恐懼：畏懼、恐慌、害怕、擔心。

壓抑：抑制、畏縮、自責。

欲望：縱欲、貪婪、羨慕、渴望。

憤怒：怨恨、暴怒、埋怨、抱怨。

驕傲：狂妄、自大、傲慢。

「正能量」

信任：誠信、誠懇、信賴。

安全：安定、安詳、安心。

熱情：活力、勇氣、自信。

友善：和睦、友好、親切、禮貌。

創造：創作、目標、行動、想像。

寬恕：原諒、耐心、毅力、同理。

理智：無是非對錯、智慧、道理。

幸福：滿足、祥和、喜悅。

和平：慈悲、善良、愛心。

開悟：合一、內在幸福（勇氣自信、誠實原諒、領悟耐心、友善安全感、知足感恩）、外在幸福（理解體諒、決策溝通、創意夢想、行動毅力、規劃執行、覺察思考）。

希望：順其自然。

覺醒：歸一。

一：善的循環。

「擁抱」

執著：從事件中學習到什麼？理解到什麼？學會接納自己，如同「原諒別人，原諒自己」。學習從想法中找到出口，找到屬於自己的答案。

憂鬱：對生活感到身心力竭時，找回勇氣與自信，對自己說：「我相信我自己，相信能順利完成任何事情，相信這世界很友善，相信我能開心過每一天。」

躁鬱：放下擔憂，學習良善的溝通，聆聽身邊人的想法，對自己說：「我很安好。」

悲觀：持續心痛的感覺，像聽到心碎的聲音，猶如靈魂碎片，靈魂被敲碎而持續分裂，想想每次看到什麼，心會隱隱作痛，修補後會越來越強壯，恐懼會漸漸地離開。

恐懼：害怕面對死亡、疾病、罪惡、失控和危機，勇敢面對過去的自己，才會逐漸成長。

壓抑：面對害怕失敗的事情，對自己說：「別人能做到，我相信我也能做到。」

欲望：投機、羨慕和貪婪的想法，來自內心的渴望，知足才會滿足。

憤怒：當向對方生氣和抱怨時，思考生氣過後，自己和對方會有什麼感受呢？學習友善的溝通，勇敢面對害怕受到傷害的自己。

驕傲：收起自傲和自大的想法，俗話說：「人外有人，天外有天。」

「找回」

信任：做任何事情前，也站在對方立場思考，俗話說：「己所不欲，勿施於人。」

安全：活在當下的自己，有目標嗎？來到物質世界是要學習什麼呢？

熱情：從興趣中找到熱情，在尋找目標的過程中，讓自己快樂地面對每一天。

友善：在生活中常說：「請、謝謝和抱歉」，對別人說也是對自己說。

創造：從過往累積的經驗，發揮天馬行空的想法，應用在生活當中。

寬恕：任何人有各自的想法，用心去聆聽和感受，了解對方的想法，共同學習成長。

理智：學會包容和體諒，讓心境如大海般，而周圍的人事物，猶如大海產生的波紋。

幸福：對自己常說「我很幸福」，讓身邊的親朋好友也能感受到幸福。

和平：勇敢擁抱內在的聲音，讓身心靈保持平衡。

開悟：擁抱創傷、匱乏和信念，理解所有的情緒，滿足內外在幸福，能勇敢面對內在人格。

希望：朝著自己的目標前進，給予身邊的人，適當的協助。

覺醒：理解完整的自己。

一：建立善的循環，將愛分享出去，讓生活週遭充滿善與愛。

「擁抱執著，解開心中的結」

過去很怕別人了解我，所以我選擇封閉，漸漸也否定了自己，後來對世界感到越來越無趣，也覺得當人很辛苦，感覺離死亡一丘之貉，但時常內在有個想法說「自殺要承受沉重的代價」，要我遠離自殺，之後，我從家庭的溫暖，慢慢地解開心結。

在社群上，當我得知某些網友自殺的消息後，我會思考說「從留言會感受到網友或朋友的關心，是有什麼關卡，導致最後一根稻草倒下呢？」

有時看著對方的版面上，每年會有許多人留言「祝生日快樂」，但漸漸隨著時間，消逝在人的記憶中。隨著資訊的傳播，也許自殺後的世界，像電影所敘述的那樣，帶著死前的執念，在自己的世界裡持續循環同個事件，直到找到能原諒自己的出口。

隨著年紀增長，家族中的長輩漸漸離去，每逢過年有時會很懷念親戚圍爐的喜悅，而當有長輩離去時，親戚再次相聚一起摺元寶、蓮花和互相聊近況的時光，會感受到圍爐時的喜悅，或是當長輩重病臥床時，親戚陸陸續續的探望，這些舉動和聊天的過程中，我感受到互相撫平過往的傷痛，如同各自放下心中的石頭，也同時解開心中的結。

當自己在面對朋友、親人或子女離去時，或許能感同身受，從而尋找到適合的方式，來面對與關心身邊的人，如果彼此間有心結，為何要在離世的時候才選擇原諒或放下呢？

「擁抱憂鬱，與過去共同學習成長」

情緒的來源，與生活中接觸到的人事物有關，當體驗過負面情緒後，從中獲得的經驗，再與任何人相遇時，能展現更多的同理心，而這些負面的情緒來自哪些事件呢？

在我學習相關的療癒技巧前，我遇到憂鬱症的朋友，常常看到社群動態是頻繁地進出醫院。當二〇二二年一月與他吃飯聊天時，對他的現況感到愛莫能助，傾聽後我最後跟他說：「原諒別人，原諒自己。」在過去的我常常記仇，那時有網友說了這句話後，我開始去了解這句話的涵義，漸漸放下心中對他人與自己的仇恨與批判，為何要對自己發脾氣呢？

當我快學完催眠前，我正想找人練習時，那時他便自己漸漸走出憂鬱症，我感到相當驚訝，我問他怎麼辦到的？他說自己看了相關的書。

之後，他來找我催眠時，很意外地能心平氣和面對過往那段記憶，也能擁抱當時的自己，在隔年初，便看到他說他完全走出了。

他在催眠過程中，進入很深的催眠狀態前，遇到一位小朋友，像是過往的自己，好比內在小孩，那時我頭皮發麻，以為會出現很負面的人格，好在內在小孩很安靜。

我在回溯催眠前，會習慣先建立安全房間防止情緒失控，那時他能像大哥哥般的帶他回安全房間盥洗，而且整個過程，是透過自己的意識引導，好比用靈性能力進入處理自己的議題，我則在旁邊很驚訝的聽著他描述，同時腦海中浮現類似的畫面。

在催眠過程中，當他進到元辰宮（心靈花園）時，一般會是家的形態且空無一人，通常會有客廳、廚房、書房、臥室和後花園。當他說看到裡面有人時，我嚇一跳，原來是金童玉女，而我引導並調整完各個空間後，他看到佈置成婚宴場所，是金童玉女準備要結婚了，這時玉女進到廚房準備煮菜，玉女說「終於有火了！」我腦海中也浮現類似開心的畫面。

結束後他說全程影像和聲音很清晰，那為何我剛開始被催眠時的畫面卻很模糊呢？我思索後，或許是對方過往那段沉重的記憶，像是重複撥放的影片，才有這樣的狀況，而且他在催眠狀態的舉動，好比有意識的恍惚狀態，如同靈通。

在我接觸催眠前，對世界感到很無趣，常常放空或是思考自己未來的目標是什麼？對已知的事情失去熱情，而對於未知的領域，卻充滿好奇，好比發明飛機一樣，對於飛到天空的好奇，才能讓這世界更便利且資訊更發達。然而把心力放在眼前景象時，卻忽略內在的覺察，好比時常專注在外在的事物，卻忘了內在自我探索，當迷失時，如同隨波逐流，深陷在漩渦般循環的事件裡，難以從中逃脫，為何特定事件會引起心中的迴響或共鳴呢？

直到我持續覺察各個事件的前因後果，還有跳脫自我過往的想法，才能了解到事件其中的涵義，或是從身邊的人透過談話互相學習對方的觀點，來達到學以致用。

然而有時以自我為中心的想法，卻很常阻擋外在的建議，好比抱怨時，把氣出在外在的事物，或是把過錯堆在對方身上，如同封閉了自己的內心，防止自己受到傷害，也許要先學會接納過去的自己，讓自己學會成長。

「擁抱躁鬱與悲觀，讓心回歸平靜」

在生活有被唸過或是很常被責罵嗎？會因此感到羞愧或內疚嗎？還是會對這個世界感到絕望呢？或是做任何事情會感到急躁或焦慮嗎？

過往與父母常因為工作或小事而吵架，能感受到父母擔憂小孩的未來，也感覺自己讓父母臉上無光。時常吵架後會很用力的把房門關上，來表達心中的抗議，在房間裡，我邊哭邊詢問自己：「自己真的這麼糟嗎？為何要逼我呢？為何我要出生在這個家庭呢？」內心會有種想要結束生命的想法，但我還是選擇堅強的忍受，而與父母保持距離，相對也減少溝通和摩擦，我時常把自己關在房間裡，感覺在自己的房間才會有安全感。

過往父母常因為在事業與家庭之間的狀況而吵架，後來出社會後，遇到的同事時常要照顧小孩，也要兼顧事業，有時會聽到與另一方吵架的聲音，我才理解兩者要兼顧的辛苦。

在成長過程中，我會幫忙分擔家務事，也開始理解父母對於子女的擔憂，有時會擔憂各自的壓力造成家中產生負面的情緒，影響到家庭的氣氛，然而當內心時常在這樣的情緒下，無法宣洩或承受時，也許便會選擇離開或結束自己的生命，造成家人內心產生新的創傷。

家好比是最後的堡壘，適當的溝通下，讓彼此保持冷靜，有時多給予鼓勵並理解對方想法，互相學習成長後，讓雙方能平靜和諧的生活，便能感到幸福。

「擁抱恐懼，接納祂們」

在生活中，很常接收來自朋友、同事、家人或媒體，各種正面或負面的想法，長期影響下，心中會對特定的人事物給予既定的看法，產生崇拜或是厭惡的眼光。或許有時候，透過逆向思考，便能找到新的觀點，好比對任何人事物貼上標籤時，其實也對自己貼上了標籤，偶而換個角度去思考，如果成為對方時，對方的生活會感受到什麼呢？

隨著網路上的資訊，有越來越多人分享靈異的經歷，有些人選擇保持距離，有些人卻是寧可信其有。好比無神論者會覺得是怪力亂神，一般人會覺得要保持景仰且開放的態度，覺醒者會覺得是尊敬且學習的對象，從三個對象能找出為何看法會有這麼大的落差嗎？是對於未知的事物感到恐懼呢？還是對自己貼上了標籤呢？或是害怕想起恐懼的記憶呢？

小時候聽完恐怖的故事後，我很害怕看到祂們，在傳統觀念的影響下，盡量保持距離，但在生活中，依然會遇到各種靈異事件，有些人會說是卡到陰，然後帶去收驚或祭改，這其中的用意是什麼？為何當下會選擇這樣處理的方式呢？

也許應該去深思為何會卡到陰？我從自己身上的靈擾狀況理解到，好比同質相吸，當情緒越低潮時，身邊也會吸引到相同情緒的祂們。

後來我開始深入理解自己，為何覺醒後還會害怕看到祂們？直到從內在人格中理解到，小時候害怕看到祂們，而產生恐懼的陰影，有時我會有過多的幻想，好比自己嚇自己。

有次去朋友家時，看到裝潢和設備很新穎，有種很舒適的感覺，直到我在廁所感受到被關注的眼神，當時全身雞皮疙瘩和頭皮發麻，內心很害怕，唸了佛號後，讓心中的恐懼漸漸放下，當時將這件事放在心中。直到朋友搬家後，我問為何要搬家？他才跟我說住在那邊時，半夜會感受到有物體坐在床邊，後來他詢問隔壁鄰居和看得到的朋友後，才搬離原本的租屋處。那時我還以為是自己的錯覺，直到驗證後，我對我自己的感知有點驚訝，但為何會對祂們特別有感覺呢？或許是同頻共振，相同情緒的能量，對應到內在的人格吧？

當我在探索的旅途中時，遇到某位朋友，他跟我說原本是無神論者，直到某天在床上無法動彈，他說他破口大罵後，隔一陣子才恢復活動，我從話語中感受到他漸漸開始相信。

想到好幾年前，我睡到一半時，意識很清楚，卻無法動彈，雖然閉上眼睛，但能感受到身體逐漸漂浮的感覺，而也能感受到有團黑影在天花板上。

這類靈擾事件，陸陸續續的發生，隨著探索的過程中，漸漸明白內心的恐懼，會吸引祂們的到來，或是自我產生過多的幻想，這像是在提醒我，該面對囉！

要時常面對自己的內在恐懼，才會學會成長，好比切相同水果時，能學會控制力道，而切各種蔬果時，能學會更多切法。或是我原本對烘焙感到陌生，當我去上課後，別人認為困難的事，我卻覺得很簡單，相對面對內在的恐懼，也是同樣的道理。

為何有些人能勇敢面對自己害怕的事物呢？或許內在有個人格，如同小孩，曾經受到創傷或信念的影響，當成熟的自己給予擁抱，讓他們理解後便會長大，如同接納過往的自己。

「擁抱壓抑，敞開心胸，學會鼓勵自己」

在某部小說中，家庭小精靈自認為犯錯時，會持續懲罰自己，經過主角勸導後，才逐漸恢復冷靜，直到自由後，後續危急時刻卻能勇敢面對過去的自己，而有些電視劇的劇情，則是透過清潔打掃環境，或是把自己弄得傷痕累累，來懲罰自己。

從小腹部開刀，導致腹肌受傷，最害怕體育課的仰臥起坐，比起同齡需更加努力才能完成一下，然而看到許多人能做很多下，會感受到自卑的感覺，但在經過長年的訓練下，健身時能加重訓練，看到自己的進步，讓這件事能很坦然的放下。

有時看到縫合的疤痕，會回想到過去的情景，後來我看到小時候的手術資料，了解開刀的原因與深入理解後，當別人詢問為何開刀時，能輕鬆分享造成的原因，但面試新工作時，時常會再次被劃開傷口，好比會問說「會影響工作嗎？」也深刻理解到許多求職著的內心。

經歷過內心各種衝突產生的想法，直到我意識到事情已經發生，持續在愧疚與怨恨下，猶如繞著同個議題打轉，會讓自己原地踏步，遲早要找到出口啊！

如果人生如樹苗，成長的過程會持續擴展並尋找水源，當吸收各種養分後開始長高長壯，如同經歷過的事件讓自己能更加柔韌，或許也會讓自己有新的啟發，持續給予愛和包容，好比茂盛的大樹一樣，開出屬於自己的花朵，像是元辰宮（心靈花園）裡的生命之樹。

過去我會針對某件事情埋怨自己，像是成績考差或無法達到目標，會懲罰自己減少食量、責罵自己或透過打掃環境來釋放情緒，隨著時間過去，我開始思考為何要這樣對自己？為何要懲罰自己？愛自己很難嗎？直到我時常鼓勵自己和對自己說肯定自己的話語：

「別人能做到，相信我也能做到」、「船到橋頭自然直」、「天無絕人之路」、「水到渠成」、「我很愛我自己」、「我相信我自己」。

每當我面對陌生的工作時，剛開始會面臨各種壓力，內心承受各種輿論，好比在時間內未完成工作時，時常感受到同事前來關切，也擔心自己的表現，會拖累同事和整個團隊，我時常對自己說：「今天工作遲早會完成，專注在當下的工作吧！」

後來用行動來證明自己，隨著越來越熟練後，開始獲得同事的誇獎，但我知道這只是在標準內，還能做得更好，而這樣的想法是什麼情緒呢？來自哪裡呢？或許來自於社會中互相比較的價值觀，或是讓自己能夠感到很驕傲的心態，為何要用這樣的想法來展現自己呢？

所謂「天下無難事，只怕有心人」，當遇到難題時，讓自己試著敞開心胸，去聆聽身邊親朋好友的想法，或許對方曾經也走過相同的路，好比在學習的旅程中，會遇到爬藤，從而拉自己一把，時常鼓勵和關心自己，建立屬於自己正向信念的生活模式。

「擁抱憤怒，冤冤相報何時了」

過去我常抱怨上天和身邊的人事物，也許是為了保護脆弱的內在，會裝作很兇悍的樣貌，笑容也離我越來越遠，會把心情掛在臉上，常被說照片看起來很兇。直到我發現擺某個姿勢時，看起來會很開心，讓我回想到小時候常被問說：「為何看起來這麼愛笑？是在笑什麼？」讓我對笑容產生懷疑，也產生「難道維持面無表情會比較好嗎？」的想法。

小時候喜歡獨自關在自己的房間內，被限制要打開房門，有種失去安全感的感覺，會選擇反抗而發脾氣。或是小時候被兄長肢體上的捉弄時，我反抗後會換來拳打腳踢。另外在專心做事時，周圍聊天聲音越來越大聲，我會覺得要聊天為何要在我附近，漸漸會用更大的聲音或肢體動作來表達我憤怒的情緒，直到對方發現後。或是旅遊時，無法上網的狀況會抱怨機器的品質，甚至想把機器拆開來檢查，隔一陣子後才知道是機器過熱。

過去經歷，事後內心很後悔，在類似情境下會回想到過去的情景，對於憤怒的記憶，也記得非常清楚，為何會對憤怒的往事，印象這麼深刻？反而開心的記憶，卻是非常模糊？

有次聊天過程惹對方生氣後，雖然道歉了，也以為隔一陣子對方會忘記，但後來找我聊天時，卻充滿憤怒的語氣，原來是針對之前的事情，直到我再次道歉才落幕。代表惹對方生氣時，對方也會記得非常清楚，那為何要惹對方生氣呢？

二〇二二年六月聽到父母在吵架的聲音，我直接在群組上寫說：「在生氣前，想想生氣後，雙方也許會吵架、打架、受傷、冷戰或思緒難以平復，生氣時會好好溝通嗎？再想想這件事有必要這麼憤怒嗎？當在氣對方時，也在對自己發脾氣，只會造成兩敗俱傷。那為何要生氣呢？」雖然降低吵架次數，但也許雙方互相還需要學習如何溝通，好比學會如何與自己和解。

當對某些負面情緒難以忘記時，試著以下跟自己對話的方式：

1. 閉上眼深呼吸放鬆，用直覺去感受，回憶負面情緒像什麼？外觀大小，有什麼顏色呢？
2. 從這些情緒中要學習到什麼呢？並思考如何才能達成與它和解呢？
3. 直到完全和解後，再去看這個情緒會轉變成什麼狀態呢？
4. 最後感謝它並與轉變後的情緒融合，如同合一。

在社會上要學會說好話，才會有好人緣，好比有同理心，身邊的人會感受到很有愛。喜歡嘲笑、驕傲、謾罵或抱怨時，好比把負面情緒往對方身上丟，覺得會被貼上什麼標籤呢？

所謂「以怨報怨、以其人之道，還治其人之身」，但冤冤相報何時了？在釋放負面情緒前，先思考或許會發生的事件，會因自己一時的衝動，而造成無法挽回的形象或後果嗎？試著逆向思考，要用什麼方式，才讓雙方或自己達成和解呢？

「擁抱欲望與驕傲，恐懼皆是假象」

有時我會詢問身邊的人或自己，最缺什麼呢？金錢？愛情？友情？名利？為何各種詐騙有些人能分辨？有些人卻深陷其中？這些圍繞在哪方面的議題呢？

在生活中，欲望跟投資有關？還是投機呢？有時想以小搏大，或是聽信明牌跟消息走時，卻往往忘記背後的風險，最後內心會糾結在過去種種原因，好比「早知道會賠錢，該提早退出、為何要這麼傻投入大量資金呢？」或是「早知道會大賺，多投入些資金。」

當有這些想法時，表示內心充滿對金錢的渴望，許多人希望能夠財富自由，看著身邊有些人能從投資賺大錢，內心也很想致富，便想以投機的方式，來達到目的，那什麼是投資？什麼是投機呢？也許跟起心動念的意圖有關。

投資：透過經驗，持續分析理解研究後，選擇的商品，好比在展示自己的能力。

投機：追求自己難以掌握或無法理解的風險，好比在展示自己的恐懼。

如果自己是老闆時，會喜歡自己的產品嗎？還是只想以各種方式把產品販售出去呢？覺得自己從事的行為是在投資還是投機呢？如果換做是愛情或友情，會選擇哪種方式呢？

愛情充滿酸甜苦辣，經歷過每段戀情的背後，學習到什麼呢？當品嚐過後，漸漸篩選出自己的理想對象，並從中學習對方的優點，改善自己的缺點，如同投資自己。從每個階段逐步學習，理解要改善的個性，也許當準備好的時候，會遇到互相學習成長的靈魂伴侶。

也許能從過往交往的對象，覺察到共通的功課，探索內在更深層的自己，後來我探索到跟內在人格也有些關聯。從家庭和社會的創傷或信念，讓自己表意識產生分裂後的人格，好比產生如同小孩般的自己。或許對照過往的戀情會有類似的地方，如同同質相吸，容易重複吸引到類似的對象，直到理解這個的功課後，便能讓自己成長，往下一關邁進。

從生活中，有很多的故事、電視劇和電影情節，讓我感受到貪圖欲望，追逐到名利後，容易驕傲自滿，而傷害相遇的人，造成對方有報復的行為，相對也會讓自己活在恐懼之中。

從社會和老子的《道德經》中能理解做人處事的態度，還有順其自然的生活方式，或許順著靈魂天賦做事，如同能從投入的興趣中，理解自己該往哪個方向走。逆著個性做人時，讓自己從工作或生活中，找回要學習缺乏的特質。

在社群上有時會看到負面情緒的發言時，也會吸引到擁有相同情緒的人留言，像是被認同的感覺。好比各種負面的情緒，在同頻共振和同質相吸下，會持續吸引類似的負面情緒。

這些讓自己會憤怒、悲傷、害怕的事件，當時常餵養這些負面情緒時，相同情緒的內在人格也會逐漸長大，直到有天超越主人格時，也許便會取代主人格的位置，身邊的人也會明顯感受到發生的次數，因此要學會理解自己的內在人格與情緒之間的關係。

「找回熱情與友善的自己」

在生活中，隨著經歷過的事件或是親朋好友的經驗，有時會成為既定的想法，有時也會成為成長的阻力，好比事業、感情或信仰的限制信念。

當抱持著信心想創業，或是已經走在這條路上時，有時會開始接收到各種負面的想法，相對也會開始懷疑自己。當我踏上旅程時，有些朋友問說：「為何要學身心靈？為何要學催眠？平凡過日子不好嗎？」我說：「總覺得生活中少了什麼，我想要找回遺忘的拼圖。」

另一位我回答說：「平常聊天、媒體、懶人包或行銷手法，有些跟催眠有關，唯有自學，才能產生免疫力。」這些話像是路途中的關卡，身邊的人會持續把內心的恐懼釋放出來，降低往目標的熱情，相對也會時常質問或批判自己，我該走這條路嗎？

當自己的內心還在搖擺時，也許會再度陷入迷失之中，但我知道走在這條路上很開心，漸漸對世界感到有趣，像是在絕望中帶來一絲絲的希望，好比是人生的轉淚點。

二〇二二年十一月，朋友因返鄉投票順道來訪，在那之前我曾找過他測字來算事業，他跟我說：「每條路能學習到靈魂想要的過程，差在平坦或是崎嶇，會提供大方向給對方選擇，但通常對方下意識會選擇崎嶇的路，事後回過頭來跟我說『早知道當初走另一條路』，當指引特定方向時，對方遇到困難後，也許會反過來怪罪在我身上。」後來我也遵循同樣的道理，好比自己的選擇要自行面對，為何要批判過去的自己呢？

當我下定決心前往這條道路時，冥冥之中像是安排好的旅程，會持續來提醒我，該注意什麼，在互相幫助的過程中，學習雙方的理念，並持之以恆的提升自己。

在旅途中，我對身心靈充滿好奇與興趣，相對遇到的朋友，有些已經走在這條路上好幾年了，但面對生存的壓力，或是畏懼教學所產生業的功課，而選擇過好自己的生活。

好比教靈性的能力，對方拿去做傷人害己的事情，教學的人也要負點責任。從中感覺到每個人有自己的山要爬，當我在山下時，他們拉了我一把，當我到山頂時，我也能拉他們一把。

後來我從守護神學習到很多，我跟朋友說：「要持續學習，並教導正面的知識，當教導負面的時候，要告知正面的想法和產生的後果。」好比教學詛咒的知識，所謂「個人造業個人擔」，把後果說在前頭了，讓自己問心無愧，持續從中學習並領悟要如何改善教學方式。

過去對宗教有既定的印象，對神佛也是半信半疑，在某些節日，我會去廟宇拜拜，內心有種拜心安的感覺，畢竟自己如同絕大多數的人，要親眼見過奇妙的事才會相信。

在二〇二二年一月時，我傳照片給朋友看後，他跟我說：「身邊有三位人造天使，雖然無害，隔一段時間會自動消失，作用只是讓人心安而已，最近有做了什麼事嗎？」我內心有點驚訝，才想起前一年，照著網路上召喚天使的方式，並想像天使的形象。

後來我才知道，那時我正在創造式神。在催眠時，畫面會自動呈現，而想像任何神佛的外貌時，像是用自己的能量在創造，有時還會招來內心欲望對應到的靈體，因此要學會保護好自己。

在更早以前，家中有晚輩出生後，我帶著供品去每年常拜的廟宇，向神明說「請來我家觀照一下」，結果隔天凌晨睡覺時，我聽到有個男性沉穩的聲音用閩南語說：「我來呀！我來呀！」當下驚醒過來，但身邊空無一人，而窗台旁飼養的鳥，卻發出叫聲。

這是我第一次聽到祂們的聲音，讓我開始相信祂們的存在，也讓我開始相信人在做天在看，說好話做好事這些道理。有時社會的議題會牽涉到信仰，好比要去學會如何跳脫限制的信念，用更高的角度來看待生命，接納與自己有意見分歧的人，才能讓生活感到自在。

或許換個角度思考，當自己成為對方時，會體會到什麼生活呢？也許靈魂能透過輪迴，來深刻體驗到對方的生活，但對方人生的功課會是什麼呢？會比自己要面對的還要困難嗎？

友善的社會，建立在人與人之間的互動，好比平常習慣說「請、謝謝或抱歉」，當自己或對方聽到時，會感受到禮貌與開心，或許也是在反映內在的心境。

從生活中，我很常透過媒體的事件中，學習各種看法，體會他人的感受，能迅速的讓自己成長，好比申論題「對事件有什麼看法？」並寫下各種觀點的答案。在覺醒後，也常要隨時定期繳交功課，偶爾是生活上的小考，當堆積太多時，或許某天會全部同時出現。

透過各種議題，或許會找到內心想要做的事情，而且對這件事情充滿熱情與喜悅，在幫助身邊的人時，也是在提升自己的能力，試著詢問自己喜歡做什麼事嗎？做什麼事會充滿熱情呢？找回熱情的同時，也要找回友善的自己，走在屬於自己的道路上，讓幸福開始啟程。

「找回創造目標的能力」

想到在小時候的美術課堂上，隨意畫出當下的想法，我畫出很大的星星，再想到天上的星星變換各種顏色，接著我將每個角落塗上我喜歡的顏色，長大後我給予這些顏色，有各自的涵義，分別是光明（黃）、黑暗（紫）、神秘（綠）、能量（藍）、力量（紅），有一陣子忘記過往的記憶，但知道自己猶如這顆星星，心中也在尋找神祕的涵義是什麼呢？才能將星星拼成完整的拼圖，而我的旅程如同在尋找這個目標。

當我開始接觸催眠後，我漸漸意識到，這塊拼圖也許代表療癒，能夠將內在各種情緒整合的力量，隨著自我療癒的過程，這顆星星的顏色會漸漸轉化融合在一起，呈現屬於自己的光芒，儘管會再出現各種顏色，但有了自我療癒的能力後，依舊呈現耀眼的光芒。

在生活中，我常常被說講話很實際，好比對方覺得很浪漫的想法，但在我眼中感覺很普通，也許是學生時期，為了考試而活，漸漸失去感性的想法，像是常用左腦的邏輯與分析，少用右腦的情感和創意，或是當在幻想時，我會對自己說：「看清現實吧！」

導致後來閉上眼想像任何物體時，會非常的困難，這也是為何催眠時，有些人會有影像模糊或情感無法接收相關的狀況，但透過長期的感官訓練後，能找回讓創意發揮的靈感，而感受到的情緒，如同共感人，更能發揮同理心。

試著讓自己像畫家，發揮無止境的想像，當影像越來越清晰時，猶如擦亮了第三眼。

首先想像有樣小物體在眼前，描繪出邊框後，再塗上喜歡的色彩，或是讓自己像照相機或攝影機，把想像的景物，如照片般在眼前呈現出來，最後讓整個畫面動了起來。

平時訓練自己聽微小的聲音，來加強直覺與聽覺。生活中，有時會交叉著神佛或內在的想法，但會以為是錯覺，或許來自內在人格，能深入理解這個人格想要表達什麼？

學會自我溝通並時常安撫小我，從中分辨出是充滿正面，還是負面的想法，能搭配卡牌來深入探索自己，也能觀看自己的星座、紫微斗數、八字或生命靈數，了解有哪些功課要學習。

在翻卡牌前，讓自己呈現冥想放空的狀態，意識有點恍惚，用直覺搭配手去感受這張卡牌，好比在看電影，讓各種感受和影像自然呈現。越是在意會發生什麼事，越容易被自己的想法影響，好比是自己的幻想，最後翻開卡牌，從卡牌的圖片上，一開始喜歡看哪個地方，或是從牌義中，思考過後，對照自己的感受，分析出其中的涵義。

在冥想的恍惚狀態下，會感受到身體微微的晃動，好比腦波在潛意識 θ 波的狀態，這時能詢問潛意識問題，也許會用點頭或是搖頭方式，來辨別提出問題的答案，但潛意識跟自己的想法有點像，所以能試著透過卡牌跟守護天使聊天，或許會找到新的方向。

覺醒後，當我想要與神佛通話時，像是打開電話搜尋聯絡人，在每次的問句前面先加上想聊天的對象，忘記時，會是與潛意識對話，如果想與對方維持通話，能對潛意識說「與〇〇保持溝通暢通」，最後感謝對方結束通話！

有時我會聽到刺耳的耳鳴聲，後來才知道是收到守護神的通知，我會詢問左右邊的守護神，是要指導我什麼嗎？有時是關心我要早點休息，有時是來自遠方的訊息，像是發送簡訊或寄送郵件。以前以為耳鳴聲是傳統電視機開啟的聲音，但後來還是會耳鳴，直到與守護神相遇後，我才明白這是有話要通知我的聲音。

有天早上醒來收到訊息，語速非常快，像是打開英文廣播頻道，我詢問潛意識能幫我翻譯嗎？然後便翻成我能理解的訊息，這原理會是什麼呢？共感覺？還是聯覺？

從這些事件中，我感受到這世界也許還有很多有趣的事情，過去身邊常發生無法理解的狀況，現在大多能說得通，這好比找回過往遺忘的拼圖，解答心中的疑問。

有時試著用直覺來感受自己，有什麼想要完成的目標？這個目標也許是滿足或放下內在的渴望，或是在學習過程中能幫助到許多人，好比我很開心能分享我的經驗。

如果還在迷惘中，先詢問自己做哪些事情會開心？從哪些事情中會獲得成就感？從這件事情再深入研究，將學習到的心得，再分享給更多人，如同分享自己的喜悅。

從過往的經驗，我有時會有天馬行空的想法，好比我很喜歡看修仙的電視劇，幻想能在現實中修仙時，感覺到自己很輕盈，但理性的一面要我看清現實後，會感受到自己很沉重。

適時發揮各種天馬行空的創意，有想像如同開始創造目標，當找到目標後，持續往這個方向的目標前進，也許會找到屬於自己的另一片天空。

「找回寬恕與理智的智慧」

在學習烘焙的課程上，我與一位姊姊和弟弟，三人分到一組，這位姊姊只吃蛋奶素，我才理解蔥和蒜也算是葷食，也知道姊姊全家人有同樣的飲食習慣，當吃到或碰到葷食時，身體會有過敏症狀，而我的想法是吃葷食時給予感謝，也尊重對方的選擇。

後來理解到植物和水裡的細菌也是生命，而自然界的動物吃什麼呢？或許遵循大自然的規律，如同順其自然的生活，誠心對每樣生命給予感謝，好比在感謝自己，讓我能品嚐到物質世界才能體驗到的味覺和嗅覺，並維持生活所需要的營養。

有些人說感謝食物的時候，會看到光回到食物，而學過靈氣後，能替食物補充能量，如果消耗過多的精神時，在吃飽喝足後，會感受到恢復精神，這會跟能量轉換有關嗎？

有時使用自身靈性的能量過多時，好比自己觀元辰、靈性溝通或維持防護罩，事後會感到疲勞，能通過休息或食物來恢復能量，也能透過靈氣或功法來短暫恢復能量。

人產生疲勞時，會打哈欠或想睡覺，猶如身體告訴大腦要休息，而持續食用提神飲品或食物，短暫讓自己維持精神，好比借用未來的精神，這跟能量平衡有些許關係嗎？

我過去對事情總是表面上的理解，很常用既定的想法，對某些事件，給予相同的刻板印象，會給對方有種固執或古板的想法，好比把自己關在自己的世界裡，外在的聲音無法動搖我的世界，相對自我的成長也會受到限制，如同無法原諒自己曾經犯過的錯。

另位弟弟的狀況是一個指令一個動作，我有時會發脾氣，但對方依舊如此，由於深怕落後課程的進度，我只好耐心的教導，安撫自己的情緒，猶如臣服。同時提升自己上課時，認真記錄詳細筆記的習慣，也擔起同組領導者的角色。當遇到問題時，會尋求其他學員或老師的建議，從無形的壓力中，漸漸也磨練出耐心和行動力。

俗話說：「少說話，多做事。」或許能學習到比別人更多，但也會承受比別人更多的壓力，而以我的例子，好比「多說話，多做事」，學會主動提出疑問，讓身邊的人能看到付出努力，並適當接納對方的想法，與對方的討論中，互相從中學習與領悟。

在催眠時，有時會讓對方，從自己或另一方的觀點去看待事情，然後再換成其他人或更高的角度看待整件事情，來與過去的自己達成和解，猶如「原諒別人，原諒自己」或是臣服。

平時能自己在安靜的空間裡，透過持續的提問、回答與思考，找到最適合自己的答案：

1. 想像前方代表對方，上方有位神能看清整個狀況。
2. 先從自己的視角，回想整件事情的情境，理解自己的想法和感受。
3. 然後換到對方的視角，感受對方的看法是什麼呢？為何對方會有這樣的想法？
4. 再換到神的視角，對這件事情，會給予什麼看法或建議呢？
5. 持續往返各方的視角，直到找到最適合自己的答案後，如同找到適合自己的平衡點。

「找回幸福和平的覺醒」

幸福是什麼呢？在我的旅程中，遇到互相幫助成長的朋友，學習到的技能，從中領悟到的想法，平順的生活，這樣內心便能夠滿足，如同幸福。

和平是什麼呢？讓自己維持在平靜的生活，先接納過去的自己，擁抱各種負面情緒，代表自己能勇敢面對任何情緒，帶著過去的自己持續成長，內心便能夠感受到和平。

從生活中，學會提升自己的能力，例如：自信、勇氣、毅力或創意，勇敢的踏出能提升自己的第一步，持續療癒自己的心，並覺察還有哪些匱乏感或信念，給予填補和擁抱。

在尋找自己為何來物質世界的拼圖時，好比回到小時候能發揮想像，探索喜歡的領域，朝自己心中的目標前進。將美好的未來放在心裡，過多的幻想，會讓自己沉浸在其中，失去前進的動力。隨時保持善良的心，猶如善的循環，將學習到的喜悅分享給身邊的人。

幸福之旅的啟程是什麼呢？好比經歷佛教和道家的開悟，新時代的覺醒，當到達後才正要開始，後續還有很多的考驗，或許會找到自己在物質世界的極樂世界、香巴拉或天堂。

如果完成靈魂的目標後，未來自己的目標會如何規劃呢？好比在回到靈界後，要如何規劃下個階段的旅程呢？還是把下個旅程想學習的先完成？俗話說：「人生如戲，戲如人生。」短暫的人生要如何才能圓滿呢？是如同劇本裡的演員？還是成為編寫劇本的導演呢？

「滿足與放下的功課」

當接納過去的自己後，也許會發現到內在有些匱乏感或信念，在工作、家人、金錢、情人或朋友之間，時常會出現許多的渴望、擔憂或恐懼，例如：

「我害怕失業、工作才有錢賺、這工作好無聊、家人靠我的收入過活、羨慕對方的工作。」

「我害怕見到家人、我為家人而活、我討厭我的家人、我擔心家人的未來、我害怕家人受到傷害、我跟家人很少互動、父母會偏袒、我好想念我的親人。」

「我缺錢、我為錢而活、我要努力賺錢、錢好難賺、只有錢能滿足我、羨慕有錢人的生活。」

「我想要有對象、好孤單寂寞、好忌妒對方、好怕分手後的生活、由愛生恨。」

「我害怕交朋友、害怕朋友會傷害我、羨慕別人有很多朋友、真心換絕情。」

這些匱乏感或信念，好比執著在七情六欲：

七情：喜（喜歡）、怒（憤怒）、哀（悲傷）、懼（恐懼）、愛（情感）、惡（厭惡）、欲（渴望）。

六欲：眼（看到）、耳（聽到）、鼻（聞到）、舌（吃到）、身（碰到）、意（意圖）。

從生活的七情六欲中，覺得自己從哪個感官，收到哪種情緒呢？

而這些情緒產生的匱乏感或信念，要如何滿足或放下呢？

從各個議題中，要先學會滿足，還是先學會放下？

當學會滿足後，要如何放下呢？

當學會放下後，要如何滿足呢？

是滿足外在的感官嗎？還是滿足內心的世界呢？

「滿足」

在生活中，有想滿足的部分嗎？是事業、親情、財富、愛情或友情嗎？還有其他的？

為何會想滿足呢？滿足後會獲得什麼呢？滿足的感受是什麼？滿足後要做什麼呢？

有思考過如何滿足嗎？覺得要多久的時間才能感受到滿足？滿足的關鍵是什麼呢？

「放下」

在生活中，有什麼是要學會放下？哪種容易放下呢？

為何要放下呢？放下後會獲得什麼嗎？放下的感受是什麼？放下後要做什麼呢？

有思考過如何放下嗎？覺得要多久的時間才能學會放下？放下的關鍵是什麼呢？

「事業」

工作是為了什麼？是為了金錢，還是滿足家人的期待？或是想要獲得更多掌聲？

我的父母剛開始會說：「別人家的小孩在做什麼，年收入多少。」

開始工作後會說：「從事的工作，薪水那麼少，這工作會有未來嗎？」

當年紀變大了會說：「要找個穩定的工作，至少能養活自己。」

我內心的想法也隨時在轉變：

剛出社會時：「有錢賺就好，再辛苦也願意嘗試。」

幾份工作後：「前幾份工作太辛苦，想找喜歡且輕鬆些的工作。」

仔細思考後：「找喜歡做的事，學習一技之長，嚮往自在的生活。」

從過去的工作中，也理解到自己喜歡與對方互動的感覺，後來學習烘焙後，喜歡做甜點，因為自己做能省很多且吃得安心，直到踏入身心靈來尋找遺忘的拼圖，先選擇將事業放下，也許找到答案後，會有新的開始，讓自己更順心的生活。

在旅途中我有短暫創業的想法，但感覺心中有尚未拼完的拼圖，像似有些議題還卡在心中，也許通過後會有奇妙的事發生，好比收到測驗通知書，能往另一條路繼續前進。

提到事業，會想到什麼呢？是為了賺錢？養家餬口？還是期待退休後的生活？會喜歡自己的事業嗎？還是喜歡從事後，累積的財富或成就呢？從事業上獲得內心的渴望，是內在還是外在的滿足呢？如果對這份工作感到倦怠？會選擇繼續從事，還是放下後找新工作呢？

以往我對工作感到厭倦時，好比每天過著重複的日子，對生活感到無趣，害怕到中年會失業，或許要開始學習新的技能，才能防止自己被社會淘汰，但看到想學的技能後，會因為待遇的因素，自然缺乏動力，也會思考這些信念來自哪裡？

後來選擇學習烘焙時，再次當學生會感到很開心，到了職場後，發現我也喜歡過去與人之間的互動，從事一段時間後，對每天像機器的生活，感到枯燥乏味。直到學習催眠後，好比發現新大陸，常常探索自己的潛意識，調整自己的信念，對未解之迷感到好奇，而且學無止境，在過程中，我找到喜歡做的事情，除了能重複深度學習外，也能與任何人互動。

當我聽到對方對工作感到倦怠時，我會先詢問：「喜歡這份工作嗎？有喜歡做的事嗎？」好比求職網站或入職前會填寫的性向測驗，也能從紫微斗數推算適合自己的工作類型。從喜歡的工作中獲得的喜悅，如同內在得到滿足，而我經歷倦怠後，選擇先學會放下工作，再從新的領域中學習獲得滿足，直到找到符合自己內心想從事的事業。

「親情」

有想過家人代表什麼嗎？是親人？仇人？還是互相學習成長的對象？

在小時候放學回到家裡時，常獨自在家中等待父母回家，也習慣與自己獨處，平常與家人只有吃飯時會有互動，各自過自己的生活，縱然常與父親常吵架，但當我住院的時候，家人會來照顧我，而要搬家時，大家也會相互合作，讓我感受到家人間的溫暖。

過去父母會擔心我的未來，常詢問我想做什麼？做這個有什麼發展嗎？當離職時，父母會問說為何要離職？然而待業時，壓力卻也常來自於父母，逼迫自己要趕快找到工作，直到身邊的朋友提醒後，我才開始思考到底是為了自己而活？還是父母呢？

如同在職場遇到的同事，常常為了子女想買什麼而瘋狂加班賺錢，為了打理家人的生活而辭職換工作，還有對親人為家產鬥爭感到煩惱，或為了傳宗接代而嘗試各種懷孕的方式。

在課堂時，遇到經歷過流產的學員述說痛苦的經歷，而我的親人曾埋怨長輩過往偏袒某方子女的教養方式，直到長輩無法記得大家的名字時，才選擇與長輩見面，為何要到對方無法回應時，才願意面對，來解開彼此的心結呢？

自己是要用一輩子學會原諒的功課？還是在活著的當下，學會勇敢面對遇到的困難，提早放下雙方的仇恨，好比將功課寫完交卷呢？

過去常聽長輩疼愛長子，因為金援對象的事情而與親戚吵架，好比之間只有金錢才能維繫親情的關係。而其他親人也有類似狀況，父母有各自疼愛的子女，導致父親離開時，女兒與母親意見離異。總覺得類似事件持續發生，像似家族的共業。

身為晚輩的我，曾經提醒過，但只有自己理解時，才能放下心中那塊石頭，也許時間會讓人消彌之間的仇恨，如同到臨終前才願意選擇放下吧？

而我跟父親的關係也是如此，每當朋友提起時，像是提醒我要與父親和解，而朋友的父母早已離開，偶爾會懷念親人在世的時光，在過去他與他的父親也有類似的狀況，所以當我學會療癒的方式，我開始拉近與父親彼此的距離，而父母間的吵架，我開始學會當起彼此間的溝通橋梁，如同情侶間要對彼此的生活方式找到平衡點，珍惜在一起的時光。

我對父母的未來總是感到放心，但會感受到他們難以放下對子女的擔憂，然而當我對未來有方向時，父母便很少提及相關的話題。後來我跟父親的關係，重修舊好後，與家人開始有互動的生活下，如同完成與家人間要互相學習的部分，好比滿足了親情。

有時心中害怕面對家人，也許隨著時間，會化解彼此之間的仇恨，然而覺醒後，我才理解要珍惜保握當下在一起的時光，感受親情間的幸福。當分開時，擁抱過往的時光，放下對彼此的羈絆，面對各自的旅程，相信家人會過得很幸福，也相信自己能在滿足與放下之間，做自己喜歡的事情，讓人生達成圓滿。

「財富」

我常思考自己是為了什麼而活？是金錢？愛情？親人？名利？還是自己？也許內心深處有個適合的答案，所謂「世事無相，相由心生」，或許從生活中便能理解自己的想法。

從出生開始，社會便開始灌輸金錢的價值，從廣告、社群、親友、同事或家人間的影響，再延伸各種社會議題，然而財富的匱乏感，也困擾了我很久，畢竟生活與金錢息息相關，如何轉換自己對財富的價值觀，要先深入理解金錢是什麼？

如果金錢代表物質世界的能量，親手賺來的錢，會用心對待，當消費時會很開心地換回商品的能量，如同用自己的能量換取金錢和商品的能量，來建立與累積自己的能量迴圈。

透過捐款，便是將能量分送出去，搭配能量迴圈和當下想法，會用什麼心態來面對？如同能量會以什麼信念來交易，是為了能夠得到回饋？還是誠心希望能幫助許多人？

回想小時候，購買許多愛心郵票的捐款方式，內心覺得能幫助別人，也能拿到郵票，有次直接把身上僅有的錢直接捐出去，後來某天摸彩抽到大獎，或許有些許關聯？

如果理解金錢與能量間的平衡和流動的方式，也許能更加理解金錢的流向，但心中有時對缺錢的恐懼，難以找到平衡點，是因為無法滿足內心的信念嗎？還是無法放下呢？而這個信念來自哪裡呢？是表意識？潛意識？小我？還是內在人格呢？

在餐廳工作時，如果顧客用完餐整理桌面能加快翻桌率，也會感受來自顧客的生活習慣，所以在餐廳吃飽後，有時會習慣整理，讓下一位顧客能提早使用，偶而還會學習收拾方式。停車時會顧及旁邊的位置，適時的禮讓對方，或適時善意的提醒。

從生活的小細節，猶如「世事無相，相由心生」，內心會映照著處理事情的態度，反映在自己身上，讓習慣出於自然，純粹顧及對方的想法，從小小的舉動，也會逐漸讓更多人受到影響。隨時讓自己以平常心來幫助對方，也許越多人能做到時，社會便能越來越幸福，並從任何事件中思考自己缺乏哪些特質或能力呢？

從社會能映照出，自己對金錢的看法是什麼呢？是滿足自己的欲望？還是為了讓生活品質提升呢？對財富的信念是什麼呢？是害怕缺錢？還是錢該往哪投資呢？

剛開始我很常跟朋友說「我很窮」，我才知道我的信念是這句話，同質相吸的狀況下，隔個幾年會遇到某些事件，讓存款迅速流失。後來透過「我很有錢」或「我很豐盛」的詞語，來填補內心的匱乏感，但每次我對自己說時，會想到剩餘的存款，對這個詞語產生懷疑的想法，但如果再維持相同的信念，還是會吸引相同的匱乏，當下只能臣服。

覺醒後，我思考了非常久，才想到能用「富足」這個詞來取代，讓外在與內在感到滿足，也許便能滿足與放下對財富的匱乏感，執著只會讓自己越陷越深，如同業，在相同的議題裡打轉。後來探索自己的內在人格時，才知道小時候有個「錢太多很危險」的信念，最後跟他聊完後，便回歸主人格，才理解心智尚未成熟時，外在任何訊息會全然的接受。

「愛情」

單身的自己會渴望愛情嗎？心中理想情人會是什麼呢？很常對自己說隨緣嗎？了解自己有什麼優點能讓對方喜歡嗎？相對有哪些需要改善或要加強的特質呢？從每段愛情中學到什麼呢？在愛情的功課裡還需要學習到什麼呢？是滿足，還是放下？

在學生時期看到情侶，有時會很羨慕，內心知道自己難以維持遠距離的愛情。出社會後，面對同齡的對象，常為了爭執以誰的意見為主而吵架，後來遇到的對象，才懂得相互討論，而相處久了，會互相深入理解對方的想法和家庭背景，我才明白我喜歡像好友般能夠暢談與信任的對象。

內心很渴望談場漫長的戀愛，後來我跟朋友去拜月老時，連續抽籤擲筊十三次才確認籤詩，內容像似前一段類似的狀況，要經過些許的考驗。後來靠著直覺走，遇到的對象來自同個家鄉，剛好也在拜月老的寺廟附近，各種因緣巧合，讓我相信月老能幫尋求姻緣的人，找到適合的對象，那為何有時會覺得對方並非理想情人或習慣對自己說隨緣呢？

後來我了解到，如果執著在理想情人的幻想，而把對方的熱情拒絕在門外，也許這段戀情，好比月老的紅線斷了。或許月老會依據當下要學習的功課，給予適合的對象相互學習，直到深刻理解自己理想情人的類型。在相遇後，雙方要學習如何互相溝通和信任，愛情是雙方互相經營的過程，當對方需要溫暖時，鼓勵和擁抱會是最適合的依靠。

二〇二三年二月，由於朋友很執著在前一段戀情，我透過卡牌與朋友的守護神溝通，了解朋友要先選擇放下愛情，並理解從前一段戀情學習到什麼？

有天早上我剛理解完要尊重對方隱私的靈性規則，下午便跟他說禁止使用靈性能力試探或影響對方，為何要執著在想擁有對方的想法呢？從朋友表情中，大概能猜到一些狀況。

後來在三月的時候，我想到我過去拜月老的事情，而他說他看到好幾篇月老的影片和文章，我跟他說能試著用直覺，聯想到第一間附近的月老廟。

之後某天跟我說，他去拜拜前，先詢問那間廟的主神和月老喜歡吃什麼水果？當拜完後抽到好籤，我跟他說：「專心在自己的目標上，時間到自然會相遇。」後續從對方內在更深層內，理解到跟魂魄有關的功課。

從我的經歷會感受到，每段戀情會有要學習的功課，能從中理解自己追求的愛情是什麼？當再次遇到類似的戀情時，也許是上個階段的愛情中，還有無法放下的功課，如同業。

直到能理解適合自己，或是能放下過往執著的理想情人，才能從循環的事件中找到出口。在每段戀情中，有類似分手的原因嗎？有自己需要改善或加強的特質嗎？

有時詢問自己，從每段戀情學習到什麼呢？在尋找對象時，想從下一段戀情學習到什麼呢？當遇到對方時，要如何將過往的經驗，以平常心來維持兩人的感情呢？

種種安排讓我開始覺察到各種事件的關聯性，直到覺醒後，我才理解愛情是我求來的新功課，好比要我先學會放下，直到我願意接受去學習這個功課，而自己會怎麼選擇呢？

「友情」

生活中，喜歡交什麼朋友呢？是益友？損友？還是能互相學習的朋友呢？有想過自己為何遇到這些朋友嗎？是因為有共同話題，還是有共同的興趣呢？會羨慕身邊很多朋友的人嗎？會害怕交友嗎？為何會渴望擁有朋友呢？平常會擔憂朋友的狀況嗎？還是內心擔心會失去朋友呢？在友情裡能學習到什麼呢？

在學生時期班上總會有人，因為排名而遭受排擠，也許自己很常獨來獨往，會感受到內心有股感同身受的想法，然而想與他們互動時，會感覺自己遭到對方的婉拒。

在接近畢業前的那一年，原本的班級被拆班，當換到新班級時，感受原班級對外來者排擠的狀況，會勉勵自己試著融入新的團體，相對在相處時也會保持戒心。

從過往經歷能理解到，在學校或職場上，為何會有小團體呢？會是因為相同個性或話題而聚在一起嗎？如果話題是圍繞在排擠的對象呢？是要共同學習同理心嗎？

從生活中，我感受到相遇到的朋友，能了解自己交友的類型，來對照自己的個性，好比從朋友之間互相共同學習成長，能了解對方要學習的功課與自己擁有哪些特質。如果將「近朱者赤，近墨者黑」以另一面來解釋，學會讓自己意識到猶如蓮花般，在淤泥中也能綻放，能從各個層面，了解自己該學習哪方面的功課，互相提醒身邊的朋友。

我時常很久才聯絡認識的朋友，有時看著社群上的照片，總會渴望有很多類型的朋友，能出去旅遊或參加各式活動，有時看到有些人會說朋友很多感到很困擾，我漸漸明白交友也會承受很多對方的情緒。從與朋友的談話中能感受到，有時說話方式會讓對方感受到被亂箭攻擊，因此我試著開始學習溝通技巧，還有主動去認識朋友，但依然對溝通缺乏信心。

學習催眠後，從肢體到言語開始學習改善的方式，後來看到在元辰宮（心靈花園）的生命樹，依然長滿刺，我便開始學習專注傾聽對方的想法，從中找到關鍵的答案，讓自己站在傾聽者的角色，或是讓說話時也在療癒對方，來增進自己說話的藝術。

然而內心的匱乏感，縱然我對自己放下想要很多朋友的想法，但在我看到社群朋友分享照片時，依舊冒出同樣的想法，直到某天的課程中，我才理解這個想法來自於魄，之後，我帶著信心與勇氣，來面對各種相遇的朋友，好比是這世要學習的功課。

如果對自己社交感到害怕，能試著去學習療癒技巧的方式，透過課堂上的練習，同時互相療癒對方，讓自己先有信心後，當遇到需要協助的朋友或家人，也能有信心的幫助對方，從中培養自己的信心與勇氣，在面對自己內心的各種創傷，也能很快地療癒自己。

在社會上，常聽到要認識各種領域的朋友，在需要時，能互相幫助雙方，在那之前要先學會能搭起橋樑的溝通模式，並學會與自己內在人格溝通。如果能療癒自己內在人格的創傷或信念，相對也能療癒朋友或家人的內在，讓雙方互相學習成長。

「練習」

透過申論題來學習，能分析並理解自己的狀態，從中了解自己的信念和匱乏感，

在「事業」、「親情」、「財富」、「愛情」和「友情」中：

1. 哪些要先學習滿足？原因是？（例：親情，因為是家人）

哪些要先學習放下？原因是？（例：事業，找到喜歡做的事）

2. 想滿足哪方面？原因是？（例：友情，能學習到對方的想法）

想放下哪方面？原因是？（例：財富，太執著在金錢的匱乏感）

3. 要感到內在滿足，還是外在滿足呢？原因是？（例：內在滿足，才能感受到滿足）

要怎麼做才能讓內在或外在滿足？（例：理解自己內在的想法）

與「親情」有關的議題，在父母、兄弟姊妹、子女或重要的家人中：

1. 哪些人的關係需要和解？（例：父親）
2. 該怎麼做才能達成和解？（例：溝通）
3. 在哪時候能達成和解？（例：將彼此心結逐步解開的時候）

與「事業」有關的議題，在生活的工作、興趣或休閒：

1. 哪些喜歡從事或想學習？（例：畫畫、運動、烘焙、身心靈）
2. 哪些適合自己發展成事業？（例：烘焙、身心靈）
3. 從事這項事業中能獲得什麼？（例：能幫助更多人也能幫助自己和身邊的人）

與「財富」有關的議題，在生活想到金錢時：

1.有哪些信念？（例：要努力賺錢養家、負債才能讓我努力賺錢）

2.有哪些匱乏感？（例：我缺錢）

3.要如何才能轉化信念或匱乏感？（例：改掉習慣用語、給予有力量的詞語）

與「愛情」有關的議題，對於理想情人的看法：

1.心中理想的愛情是什麼？（例：能暢所欲言的對象）

2.每段愛情哪裡相似？（例：劈腿、家暴）

3.從每段愛情中學習到什麼？（例：包容、原諒、放下）

與「友情」有關的議題，在生活想到朋友時：

1. 對於朋友有哪些想法？（例：充滿歡樂）
2. 喜歡交哪方面的朋友？（例：各種領域、共同興趣）
3. 如何才能交到知心的好友？（例：加強個人特質）
4. 身邊的朋友有哪些共同的議題？（例：家庭、愛情）
5. 從朋友中能學習到什麼？（例：對方與家人或情人的相處方式）

透過寫下的過程，思索自己內在的信念或匱乏來源，並尋找解決的方式，持續與內在對話的過程來療癒自己，同時也能讓自己更理解自己。

第三章　尋找

從過往中的經歷中，有學習到哪些特質呢？
還有哪些需要學習的特質呢？

從生活中，有尋找到尚未理解的情緒或信念嗎？覺得來自哪裡呢？
是來自內在人格的想法，還是更深層的內在呢？

知道自己有多少內在人格嗎？
是來自於小時候的創傷或信念？還是長大後呢？
會跟家庭，還是社會有關呢？

11 測試自己能力

從生活中看到哪些類型的文章或遇到的情境下，會有深刻的感受？覺得來自表意識、潛意識，還是小我呢？跟過去的創傷或信念有關嗎？會感受到來自內心的哪裡呢？

透過生活相似重複發生的情境，用心聆聽當下的感受，來分析這件事要告訴自己需要加強哪些特質，是勇氣？自信？耐心？安全感？還是要學會放下內在建立的高牆。

好比拼圖一樣，將原本四分五裂的特質，一塊一塊地拼湊起來，尋找自己要加強的特質，放下過多的武裝，找回自己能讓身邊的人感到幸福與安心的理想個性。

幸福的關鍵在於面對自己內心的恐懼，從生活中，看到、聽到和感受到的事件，去覺察內在的想法，與身邊家人朋友共同學習成長。

擁抱負面的情緒，提升內在的特質，好比勇氣、誠實、領悟、友善和知足，或是提升外在的特質，好比是理解、決策、創意、行動、規劃和覺察，當內在與外在幸福了，心會感到更加踏實，能面對自己，身心靈也會更加平衡。

在生活中有很多種提升特質的方式，能透過周遭的朋友或家人、工作、書籍、課程或自我覺察，並深入理解脈輪與人格特質間的關係，還有催眠時透過元辰宮（心靈花園）理解自己的內在想法，相對能從調整自己的內在中，讓生活猶如心中理想的自己。

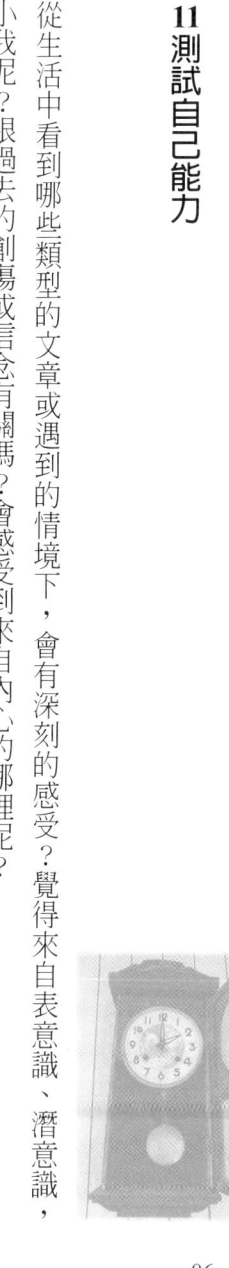

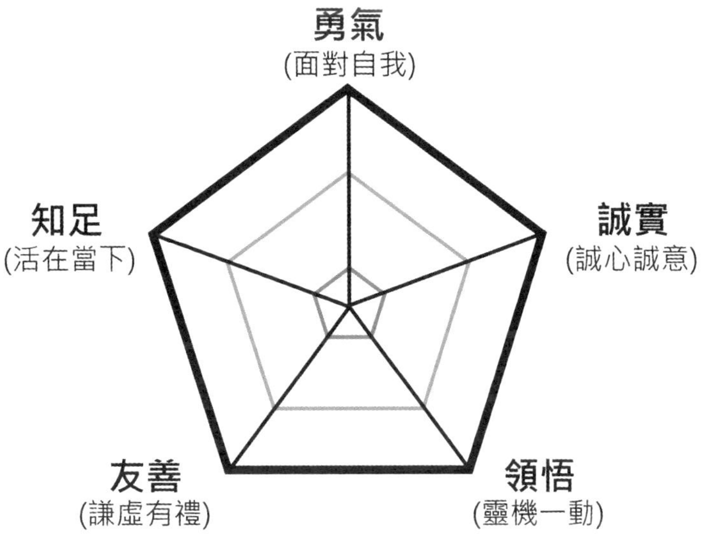
勇氣
(面對自我)
誠實
(誠心誠意)
領悟
(靈機一動)
友善
(謙虛有禮)
知足
(活在當下)

內在幸福

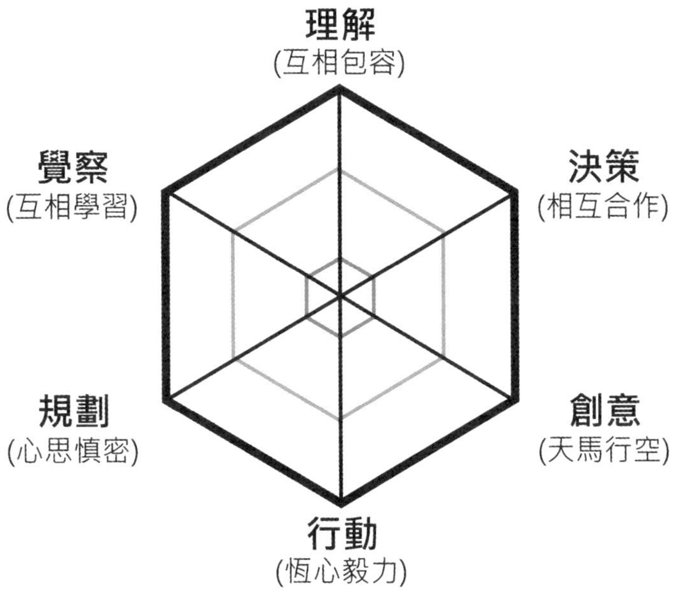
理解
(互相包容)
決策
(相互合作)
創意
(天馬行空)
行動
(恆心毅力)
規劃
(心思慎密)
覺察
(互相學習)

外在幸福

在催眠課上，第一次進入自己的元辰宮（心靈花園），猶如自己的內心寫照。我看到我的大廳（整體狀態）空蕩蕩，只看到用木頭製的門窗和拱門，當擺放完喜歡的家具後，原木製成的桌子開始發芽，長出翠綠的葉子，身旁引導的學員要我觸碰時，我感受到內心充滿喜悅，而我也開始狂笑，笑到流下眼淚，引導的學員說我太誇張，趕緊切換到其他場景。

這時看到供桌上兩邊有著很粗大已點燃的蠟燭，想看供奉的神明（守護神）時，冒出更大的蠟燭，這代表什麼？走進廚房（財富），將柴火（開源）、水缸（節流）、米缸（財庫）調整適當的型態後，也理解到跟內在有關。之後走進書房（事業），將書桌擺上筆墨紙硯，打開窗戶並放上喜歡的花盆，希望事業能順順利利。

走進臥室（感情），換了喜歡的燈後，看到雙人的床和枕頭，還有一條棉被後，我才理解原來我內心是渴望持續被愛，但也想擁有穩定的愛情。之後在有些朋友的房間裡，對方看到床底下有枕頭或有小房間，這其中的涵義是什麼呢？當他把小房間封閉後，深呼吸並嘆了一口氣，事後他說他理解到在愛情方面，要專注在一位身上。

走到後花園（人際、性格、健康）後，看到我的生命樹，如煙火般的葉子，能感受到這很像我的個性，如同帶刺的仙人掌，後來學會改善自己的個性後，樹葉開始變得圓潤了，猶如櫻花般的葉子。當時其他學員說能讓生命樹結果，我便用在朋友的柳樹上，但朋友下意識說柳樹哪會結果，我說讓它結果就是了，結果生出蘋果，並讓他拿在手上感受其中的涵義。如果說最有趣的地方，我覺得是寶箱，裡面會看到來自許多地方的禮物。

當我看到我的寶箱時，裡面非常空，內心在想難道我與神佛無緣？在後來我自己連結神佛和天使後，慢慢地累積越來越多禮物，有些有功用或有涵義，保持正面的心態，帶著這些禮物持續前進，有其他念頭時，也許禮物會被收回。

而有位朋友有在修行，看到的寶箱很特殊，類似金庫的大門，還有守衛看守，裡面充滿各式法器和財寶，但他說是要拿來行善，其他地方的格局也非常寬敞，這會跟心性有關嗎？

有次我透過靈性能力，自行探訪元辰宮（心靈花園）與某維度的我聯絡時，我看到從寶箱進入後，如隧道般的轉場動畫，我詢問有關人際匱乏感的問題時，他送我一條寶石項鍊，我看到寶石會變換各種顏色，也許有特殊的功用。

之後練習催眠朋友時，我也用同樣方式，朋友看到某維度的他，像漂浮在空中的鯨魚，但問了很多問題後，卻說「快到了！」有時回想，是對我說呢？還是對他說？也發現到催眠很像靈性能力，差在透過引導或自行思考。

在結束第一次探訪元辰宮前，我看到有個很像傳統會發出咚咚聲的機械掛鐘，下方的鐘擺持續擺盪，而上面的時間卻指著兩點的位置，直到老師說要結束時，我依然盯著這個掛鐘，感覺有什麼話要對我說，後來回想也許跟內在還有兩個議題有關。

而這個掛鐘的外貌，像是家鄉裡的掛鐘，也許曾經看過的事物，會呈現在畫面裡，如同從過往的記憶裡顯示類似的人事物，或是佛教所說的法界，如果看到是美麗的事物，那會是在反映內心世界嗎？還是自己的心境？或是自己的想法呢？

「勇氣與自信」

在面對陌生的事物時，我常擔心失去方向，最後困在其中，當踏入身心靈時，我把未來的擔憂拋在腦後，給自己一年的時間，找尋我為何而來的拼圖。時常父母或朋友會開始詢問，未來想做什麼？為何要踏入身心靈？為何要接觸催眠？我會說我在裡面找到能做起事來會感到開心的事情，能夠面對當年無能為力的我，對身邊的人也能助一臂之力，在面對負能量時，自己猶如光明燈，因為有了勇氣，讓我更有自信。

從小上台時會很緊張，心跳會加速，如同害怕失敗而感到恐懼，好比剛踏入新的職場也是如此，但經過學習與重複練習，越來越有自信，也能獨當一面。相對面對內在最深層的恐懼時，反而常常再逃避，好比拿起盾牌，深怕對方知道我的弱點，讓自己難以卸下防備心。

在催眠前，有時會忘記過去的記憶，如同創傷或信念產生內在人格，像小孩般，這些創傷或信念是忘記了嗎？還是害怕去面對呢？如果自己長大了，有勇氣面對過去的自己嗎？如果修補內在的匱乏後，會有什麼轉變呢？如果能開始轉變，那是什麼阻礙自己去面對呢？

有時內心恐懼時，試著召喚大天使麥可來清理轉化內在恐懼：

1. 深呼吸並放輕鬆說：「我召喚大天使麥可的臨在。」
2. 用心感受全身的感覺，當到來後說：「親愛的大天使麥可，請讓我負面能量轉成正能量，感謝。」
3. 當心情感受到平穩時說：「感謝大天使麥可的觀照、守護、協助。」

從我踏入職場，能明顯感受到來自同事和主管的壓力，從個人的表現和行為，能反映出對工作的熱誠和自信，有時會回想起初從哪裡來的自信呢？是來自內心對新工作的好奇嗎？

在學習催眠時，我時常透過錄音自我催眠，重複聽自己的聲音，哪裡還需要改善，經朋友的感受，來調整到適合的語速，相對也建立對催眠時的自信心。

很喜歡探索自己的潛意識，總覺得裡面有很多寶藏，但我也發現到自我催眠時，很難進到很深的催眠狀態，會有擔心出意外的恐懼，這是內心缺乏勇氣或自信，所造成的影響嗎？

在催眠前，彼此間會透過肢體與表達方式，拉近彼此的關係，好比是這位催眠師能讓我信任嗎？能處理我的狀況嗎？換個角度思考，當初為何要找這位催眠師呢？

有勇氣面對創傷時，需要更多的自信，而身旁有個人能掌控整體狀況時，也會感受到安心。或許通過關卡後，當再次發生時，便能有更多的勇氣和自信來面對相同的狀況。

有時透過老師或朋友的指點，也許在旅途中會成為一盞明燈，在互相幫助的過程，也是在互相學習，從彼此的對話中，或許能找出適合自己的道路。

平時要常鼓勵自己，讓自己的信念如同完成後的自己，潛意識也會將這些話記在心裡，形成穩固的信念，例如：「我相信自己，我很有勇氣，也很有自信。」

拿起勇氣與自信，面對內心深層的恐懼，去探索這些情緒想要表達什麼呢？並從中能理解到什麼？還有哪些人格特質需要加強呢？

「誠實與原諒」

有時因為做了會傷害他人的事情，擔心說出來會造成對方受傷，而選擇放在心裡，然而當對方問起時，會選擇謊言來防止雙方決裂，也許會持續選擇相同的方式，來維持雙方的關係，直到謊言被拆穿時，彼此也難以回到過往，那為何剛開始會選擇謊言呢？

與人之間是在互相學習，一方要學會誠實，另一方要學會原諒，在過往的事件裡，有發生過幾次類似的事件嗎？是站在哪一方呢？為何有時會再次發生呢？是要學習什麼呢？

從我過往經歷過的事件中，對某些事情隱瞞時，自己會表現出焦躁與擔憂的行為，而且常會想起這件事，然而坦承時，心中也放下那塊石頭，這是為什麼呢？

也許人有著善良的內心，知道誠實才會放下過去的自己，或許有時會說善意的謊言，但內心也知道，有天對方知道後，後果相對也會很嚴重，或許適當的時機和表達方式，也在訓練自己說話的藝術，從中能學習到什麼呢？

好比在社會中，要學會建立自己的誠信，一旦失信，很容易烙印在對方的心中，自己會喜歡言而無信的對象嗎？或是能原諒對方幾次呢？相對會原諒過去說謊的自己嗎？

如果有時害怕面對誠實的自己，那先試著原諒過去的自己，事情既然已經發生，去理解從過去的事件中學會和理解什麼？當學會原諒自己時，也能學會對別人完全誠實，或許有天誠實會烙印在各自的心中，懂得原諒，才懂得接納過去的自己。

「領悟與耐心」

在任何工作上手前，自己會用什麼態度來學習呢？相對在教導對方時，會用什麼心情來教學呢？或許在教學的同時，也在磨練自己的耐心。在學習的同時，也在培養如何讓自己提升領悟的速度，會喜歡教學呢？還是喜歡學習呢？

在面對新的工作環境時，時常會有試用期，在期限內，能了解自己對這份工作的熱情，或是熟悉自己的工作崗位。如果能很快上手，代表有很好的領悟力，也開始磨練自己對工作的耐心，當撐過了初期，如雨過天晴般，或許能發展出屬於自己的道路。

我剛踏入社會時，便到餐廳工作，從外場到內場，節奏和複雜性相對提升許多，好比獨自負責所有的食材。雖然剛開始有許多狀況，但能從事件中提升做事情的理解和效率，然而在每份工作初期，我常會因無法達標的挫折感，而感到沮喪。

後續接觸新的工作領域時，我會很害怕自己進度落後，也會擔心做錯事情，拖累整個團體，內心常懷疑這是我喜歡做的工作嗎？我還有哪些喜歡做的工作呢？再持續思考很多事情後，我總會對自己說：「有天會撐過這個關卡，做一陣子再看狀況吧！」

然而隔了一段時間會對每天做同件事情感到疲累，好比產生倦怠感，或是對未來失去信心時，便會想離職再去尋找自己喜歡做的工作。相對也從每份工作中，感受到自己學到了什麼，我用大半輩子在尋找自己未來的方向，直到我踏入烘焙後。

在接觸烘焙前，我很喜歡吃甜點，但看到價格時常難以下手，剛好離職後，趁著疫情期間去學烘焙，也遇到受到疫情影響工作的學員，各種安排讓我感到很意外，

在考烘焙證照前，要理解基本的化學變化，也要熟悉製作過程，製作速度要跟得上烤箱的時間，才能接續烘烤來防止撞爐，而製作過程中，要隨時調適自己的心情，當手忙腳亂時，會導致秤錯重量或遺漏製作過程。總會認為自己是半路出家，但也因為過往的經驗和對烘焙的熱情，才能提升對新領域領悟的速度，如同我對身心靈的興趣。

我很喜歡吃泡芙，然而試題中的泡芙常被說是大魔王，好在遇到的老師，對泡芙有深度理解，自己經歷過幾次失敗後，才達到考試題目的要求。如同我對喜歡做的事，會異常的專注在其中，覺醒後，我才知道這是我的靈魂天賦，好比在身心靈中，會充滿熱情和好奇，感覺到自己領悟速度加快，也會很有耐心和毅力面對遇到的困難。

任何人在各種領域，或許領悟速度會有些許落差，適當給予關心與鼓勵後，有天對方也許會走出自己的路。如果還需要磨練自己的耐心，試著尋找自己喜歡做的事情，專注在其中，從中去探索更深入的內容，也許會找到自己的另一片天空。

從生活中經歷的事件，能領悟到什麼呢？能耐心的面對嗎？也許能學習鐵杵磨成繡花針的精神，在同一件事情中，用耐心去領悟到其中的道裡，在喜歡的領域，能抽絲剝繭尋找到其中的樂趣，來訓練自己的領悟與耐心。

「友善與安全感」

俗話說：「伸手不打笑臉人，開口不罵送禮人。」喜歡跟和顏悅色的人相處嗎？認為自己很常笑容滿面嗎？或是認同自己是友善的人嗎？

覺得是人性本善？還是人性本惡呢？要如何才能體會到善呢？是因為感受到惡嗎？也許在各種環境影響下，會有各自獨特的個性和想法，來體會或思考兩者如何分辨。

當友善對待對方時，卻受到對方的傷害，會逐漸建立自己的城牆，以防止自己的內心再次受到傷害，然而也會封閉自己對特定事件的感受。

過去我缺乏安全感，持續加強我的城牆，來抵擋外在所有負面情緒，以及隱藏自己脆弱的一面，深怕被對方知道我的弱點在哪。當我要卸下這道牆時，內心卻很擔心再次受到傷害，直到學會催眠後，才慢慢打開心房，能感受到細微的情緒。後來從文章或聊天過程中，我能很平靜的去思考，對方是哪種負面的情緒呢？是哪方面怕受到傷害呢？

有時會習慣把錯怪罪在其他人事物上，或是把負面情緒反推回去，這些像是帶刺的防護罩。當遇到時，硬碰硬會讓彼此受到傷害，能試著分享自己的經驗，讓對方回憶起過往同類型事件的後續，或是讓對方的矛盾互相碰撞，來讓對方理解，自己時常重複在類似的狀況或議題上嗎？有時身邊的人能互相提醒，讓彼此互相成長，也能以自己為例，來拉近彼此的關係。

有次家人吃飯聊天的聲音，讓我父親心情很暴躁，而我父親要她好好吃飯少說話，兩人便開始鬥嘴，然後我想到之前父親與長輩也是同樣的狀況，便會心一笑，剛好中斷兩人的情緒，然後我說過往同樣的狀況後，我父親很生氣的指著我，猶如讓對方內心產生矛盾。

有時相聚在一起吃飯時聊天，來了解彼此各自的近況，在適當的語氣下，討論適合的主題，如同在學習友善的溝通方式，這頓飯才會感到平安和諧與滿足。

後續學會許多療癒的技巧，會很自然應用到生活上，也理解到以柔克剛，好比讓對方省思自己說過和做過的事。有時會在社群上看到網友，會用以怨報怨的語氣，來表達內心的憤怒，讓我想到如果是自己，會用孔子的「以直報怨」嗎？還是老子的「報怨以德」呢？

當自身權益受到傷害時，會以「以直報怨」用公正的態度來指正對方，那是以自己或對方，還是社會認為公正的方式呢？也許讓對方思考，所謂「己所不欲，勿施於人」的道理，便能讓對方產生自我矛盾，如同以柔克剛，為何要跟對方爭輸贏呢？

在和解時，我會以「報怨以德」的方式，用自己友善的一面，感謝對方讓自己理解到自己。也許雙方的內心會開始有些許的變化，好比為何對方能用友善的態度面對我呢？

在生活中有時會覺察到相關的事件，在提醒自己要放下內在的安全感，好比會透過車禍、擦撞、安全帽掉落、容易與人發生爭執或其他事件，如同質相吸，內在通過這些外在情境所提醒的當下，自己從中學習到什麼呢？

「知足與感恩」

對自己的生活能感到滿足嗎？要如何才會滿足呢？是內在還是外在的滿足呢？滿足後的生活是什麼呢？會是知足嗎？還是感恩？

有時蠻喜歡吃到飽的餐廳，能在裡面找到各自喜歡吃的食物，所謂「能吃是福」，以往吃的時候，會把自己吃到很飽，內心才會感受到很划算，但隨著年紀增長，會考慮到適合自己身體的食物，吃完後會感到心滿意足，好比內在感受到滿足，即便是粗茶淡飯。

在購物的時候，會衡量價格和實用性，防止家中屯放過多的雜物，有時整裡時，才會知道自己買了很多優惠購買的衣褲，但買完後，內心卻恢復到平常狀態，這是為什麼呢？

從口罩、衛生紙和雞蛋的事件中，能學習到什麼呢？是因為恐慌引起消費的衝動？還是想要滿足內心的欲望？從事件中，我感受到過度的消費，好比填滿購物的欲望，而物品有使用年限。當某天看到屯放在家中的物品時，對當初的衝動有什麼看法呢？

如果內心懂得知足，從個人到社會也是如此，那會是什麼樣的世界呢？會從自己開始，還是受到社會整體的影響呢？也許能從過往的事件中，來了解自己是跟隨著潮流嗎？

如果滿足後的生活是知足，能提早體驗知足的生活，還會感受到無法滿足嗎？在內在與外在滿足後，會有什麼感觸呢？好比從疾病、戰爭和物價通膨，能理解到什麼呢？

在全世界遭受疫情的影響後，也許戴口罩的關係，感冒減少了，也讓自己養成衛生的習慣，而身邊會遇到有些人，離開原本的舒適圈，去尋找自己喜歡做的事情。從任何戰爭中，能理解戰爭會導致家破人亡外，看似很遙遠的戰爭，生活也受到通膨的影響，能從中理解到什麼呢？好比看到某個國家發生大地震時，從災後的救援和善款能感受到什麼？

從這些過往的事件，我選擇以感恩的心，讓我理解要懂得珍惜當下，勇敢面對疾病的恐懼，也讓我踏上尋找自我的旅程。我開始接納過去的自己，讓我體驗並體會到各種事件，經歷過最低潮的時刻，後續才能勇敢面對內心的恐懼，好比自己走出重大創傷，往後還有什麼比過往更難面對呢？如同要學會療癒自己，才能走出自己的路。

我有時看到對方把過錯怪在外在人事物時，會很納悶對方內心的想法是什麼？也會回想到過往自己的狀況，好比把自己的負能量往外丟，便能抒發心中的憤怒，然而收到負能量的人，心中會感受到委屈「為何我要接收這些負面情緒？」也會為對方貼上負面的標籤。

後來我發現到當對方砲口迎面而來時，只要跟對方說：「謝謝指教！」或是跟對方道歉後感謝，對方便會安靜下來。然後我會把自己視角拉高，分析對方說過的內容，從頭看待整體的狀況，也會用感恩的心看待對方，讓我從事件中再次領悟到很多事情。

好比在衝突中，有時會完全抽離自己，開始思考如何回應才能讓對方恢復冷靜，也許用報怨以德的方式，面對相遇的人事物，會有難以想像的結局。

「理解與體諒」

在生活中有遇過等很久的事件嗎？好比等餐點、等結帳、等車、等朋友或等家人，如果發生衝突時會如何解決呢？會動用社會的力量？還是選擇大事化小，小事化無呢？

在等餐點的過程中，有時會遇到店家漏單、上菜順序或是小爭執，而導致吃飯的心情受到影響，如果對方是朋友或著是自己的家人呢？會用什麼情緒表達彼此的意見呢？

俗話說：「寬以待人，嚴以律己。」會以這樣的方式對待自己嗎？還是會選擇「待人如己，將心比心」呢？好比有時候與朋友相約，當朋友遲到時，自己會用什麼心態面對呢？或是感覺自己會遲到時，會告知對方晚幾分到嗎？而朋友會因為這點事計較嗎？或是有時候搭車時，店家會因為某些狀況，而導致班次延誤，會選擇怎麼樣的心情來面對呢？

在疫情後，有次在機場櫃檯排隊等很久，得知對方在實習時，我能感受到對方很緊張，處理過程也非常謹慎，也許是人力的關係，在踏入登機門前遇到櫃檯人員時，會感受到溫馨，有種很難得的體驗。或是遇到旅館還在準備房間的狀況時，當下會產生疑問，為何能入住的時間，卻還是要等房間呢？事後才知道疫情後，較少客房人員的緣故。

理解背後的原因後，自己能從中學習到什麼呢？相對角色互換時，也能用同樣的方式，理解對方的感受，再遇到相同的狀況時，體諒對方也是體諒自己。

「決策與溝通」

在職場、鄰居或是家裡，有過爭執的往事嗎？會以自己還是對方的意見為主呢？是透過其他方式解決呢？還是互相溝通達成和解呢？會喜歡哪種方式呢？

從職場上，有時會有善於表達和規劃的成員，會是領導團隊或是受到關注的對象，而有些成員善於調解之間的糾紛，有些則是善於尋找資料，好比在學生時期，會分組進行討論，自己會是屬於哪方面專長的成員呢？

相對在家裡或朋友之間，當出遊旅行時，會是以自己的意見全程規劃兼領隊？還是與其他成員討論行程呢？好比跟團旅遊時，會遇到對相同行程感興趣的團員，彼此間會很有默契集合出發，以免帶給其他團員困擾，造成旅遊心情受到影響。

有次有學員問說很常與房客之間發生糾紛，要用什麼方式解決？有學員說用靈性能力斬斷之間的連結，而我說以溝通的方式解決，哪種方式雙方才會學習到呢？

還有朋友與員工之間的糾紛，常委託律師處理，而自己很常遇到類似事件，從這些類似發生的事件中，是要學習什麼呢？是要學習決策的能力嗎？還是學習雙方如何溝通呢？

也許學會如何溝通，讓彼此達成和解，下次同樣的事件發生時，便能熟能生巧，好比自己出給自己學習的功課，面對事件同時也在提升自己的能力。

「創意與夢想」

我很喜歡電影和小說中，神奇和奇幻的故事，每當看完後，還會沉浸在其中，彷彿自己是故事中的主人翁，有時我會沉浸在幻想後，對自己說：「清醒點，看清現實吧！」

或是看到能夠通靈的人很厲害，一直以來以為只有天生才能辦到，而受限自己的想法。聽很多靈異的故事後，會懷疑神、佛和天使真的存在嗎？為何供奉同位神佛的宮廟這麼多呢？然而聽到走火入魔或是過度迷信的故事，反而讓我心生恐懼，靈界這麼恐怖嗎？

小時候常會聽到「從事藝術很難養活自己」，「好好讀書，以後才能賺大錢」，然而踏入社會後，會去尋求紓壓的方式，常透過聽音樂、看電影或戲劇、逛展覽等文藝類。

在逛書店時，會看到提供給成人繪畫的書，或是專門教成人的繪畫課，而在參觀美術館時，會看到參加比賽的作品。看電影時，會把自己投入在其中，或是看文章時，會進入對方描述的狀況，感受到自己是當事人的故事，也會自然聯想與描繪出場景，這是在激發內在創意的層面嗎？然而當思緒回到自己身上時，會對自己說什麼話呢？

旅程中，我用天馬行空的想法，發揮創意來訓練自己的感官，覺醒後，我才理解過多的夢想如同幻想，找到唯一的目標，開始行動才能去實現自己的夢想，光是在想如同原地踏步，好比看完這本書，會是幻想自己實現後？還是走在能實現目標的旅途上呢？

「行動與毅力」

曾有為了很喜歡做的事情，而付諸行動嗎？這些事情是哪方面呢？做這方面的事情會感到開心嗎？會很有毅力去完成嗎？這會是屬於自己的人生方向？還是靈魂目標呢？

在接觸靈性世界前，有時候會看到談論靈性的書籍，從作者的文字敘述，也越來越好奇靈性世界，看著網路上各種身心靈課程，深怕會繞遠路，內心有種感覺，當時間到了，自然會開始接觸的想法，直到朋友推薦課程後，與我想法相符合時，我便開始想去探索自我。

剛開始因為與工作的時間相衝，我開始跟同事調假，內心很擔心無法順利成行，冥冥之中像是要我踏上這段旅程，當上完課後，內心開始對原先工作產生倦怠，好比我找到下一個目標，直到後續的課程會與工作產生衝突，我便離開專心尋找自我的旅程。

旅程中，同課程連上了三次，會有各種新的感觸，在剛開始我與其他學員聊天時，我說：「先好好把這個學會，我給自己一年的時間，未來的擔憂先放到一旁。」之後，學催眠和靈氣的期間，我時常探索自己的內在，直到某天便覺醒了，過程順利到「不敢相信！」

當我開始付諸行動時，相對要有毅力去執行，如果中途放棄，也許會花更多的時間完成。在途中我時常療癒自己，對匱乏的感覺也越來越清晰，花了很長一段時間，持續擁抱與放下匱乏感後，直到完成自己階段性的方向，再走到下一關來完成靈魂目標。

「規劃與執行」

有什麼旅行或想做的事情，還放在心裡嗎？這件事放在心裡多久了呢？有規劃好也許會遇到的狀況嗎？規劃好後，哪時才會開始付諸行動呢？

當想去旅行時，心情會感到很開心，會開始訂飯店或機票，規劃每天的行程和路線，之後會很期待那天的到來，然而如果是家裡的事物，或是要整理房間時，有時會等到某天想到才會開始執行。好比我的房間內堆很多箱子和雜物，將近一年的時間懶得整理，有天看到朋友家的櫃子，很適合我的房間，便開始挑選適合的櫃子，當購買與組裝後，很快便整理好，這跟什麼有關呢？

有次朋友家的水龍頭要更換時，各種零件和工具準備齊全了，但考慮到還需要去關止水閥，便延後將近半年多的時間才完成。這些認為很簡單的事情，卻因為懶得執行而延後，像是電腦處理程序，永遠將這件事排在最後，直到有天前面事情完成或想到了，才會執行。

在工作時，內心時常想著賺錢、休假和旅行，以為能把過往的創傷給遺忘，而放在心裡最深處，但生活中有時遇到的事件，會與內心的創傷共鳴，再次回想到過往創傷的記憶。

也許當這件事被排到最前面時，才會開始去深思如何面對過去的創傷，但是回到工作後，便又把這件事持續的放回心裡，像是在水裡載浮載沉，為何要讓自己生活感到壓抑呢？

哪時才開始規劃理解完整的自己呢？當規劃好後，哪時才會開始執行呢？

「覺察與思考」

在生活中有發生過奇特或有趣的事嗎？或是會去關注別人分享的事件嗎？從中會聯想到什麼呢？從這些事件會感受到要表達什麼嗎？還是內心覺得是偶然的事件呢？

同個餐點，有些人會重在口味、服務、氣氛或價格，相對每天看到接觸到的事件，也會有所差異。好比有朋友看到眼前在下雨，旁邊地板卻是乾的，我跟他說「雨神同行」，感受到守護神在提醒他。或是朋友隨身物品遺失卻找回來，我跟他說「失而復得」，同天剛好有人轉讓之前想購買的門票，對覺察到的狀況感到很有趣。

或是我在寫過去拜月老的故事時，隔幾天遇到朋友，他說他看到月老的文章和影片，這好比是通知他遇到機會或命運，事後我跟他說用直覺找要拜的月老，然後專注在自己的生活。過多的期待，會讓自己到處想東想西，也會容易顧慮過多。

有次跟朋友見面時，剛好他的汽車發生擦撞，我聯想到與安全有關的議題，事後用卡牌時，才理解對方常用堅強的外表，來防止內心受到傷害，要學習放下安全感。或是有次與朋友聊完後，看到他的安全帽連續掉落兩次，我便跟他說也許是跟某方面有關的功課。

從生活裡，有時候會看到各種異象，過去的我會感覺有什麼事情，覺醒後，我才開始拼湊和思考，過去事件是要告訴我什麼呢？如果能提早發現，有些事情也許能提早理解。

「練習」

透過申論題來學習，能分析並理解自己的狀態，從中了解自己有哪些特質，**在內在幸福（勇氣與自信、誠實與原諒、領悟與耐心、友善與安全感、知足與感恩）中：**

1. 哪些是目前已經擁有？（例：友善與安全感）
2. 哪些需要加強呢？（例：勇氣與自信）
3. 如何才能加強呢？（例：建立自己的溝通模式、學習相關技巧）
4. 當達成後會有什麼變化呢？（例：有信心面對遇到的人）
5. 給自己定下多久的時間？（例：立刻、一個月、半年）

在外在幸福（理解與體諒、決策與溝通、創意與夢想、行動與毅力、規劃與執行、覺察與思考）中：

1. 哪些是目前已經擁有？（例：理解與體諒）
2. 哪些需要加強呢？（例：行動與毅力）
3. 如何才能加強呢？（例：當下想到便開始行動並完成）
4. 當達成後會有什麼變化呢？（例：更有耐心與行動力）
5. 給自己定下多久的時間？（例：立刻、一個月、半年）

內在與外在幸福滿分一百給自己打幾分？

或是寫下在哪些事情能對應到相同的特質？

（能記錄下日期和分數來勉勵自己）

勇氣：

自信：

誠實：

原諒：

領悟：

耐心：

友善：

安全感：

知足：

感恩：

理解：

體諒：

決策：

溝通：

創意：

夢想：

行動：

毅力：

規劃：

執行：

覺察：

思考：

12 轉化匱乏

二〇二二年十二月的課程裡，我對於人際的匱乏，在心中無法釋懷，在課堂上，我感受到匱乏感在心的位置，看到外貌像是戴著斗篷的影子，我詢問他想要什麼？他說想要光和愛，之後我給予直到滿足為止，然後我看到變成金髮美男子，成為我的守護靈，下課回到家後，我感受到頭頂開始微微發麻，感覺有高靈在我頭上，期間發生很多有趣的故事。

在課程前一個月，我發覺能跟守護天使和神明，以身體擺動的方式溝通，好比左右代表「否」，前後代表「是」。在課程後，我跟朋友遠距離互看對方的式神，朋友說看到白色像海獅的外型。後來我開始跟潛意識對話，才了解到從生活中對於某些意念，會創造出許多式神，像是常提醒自己要記得某些事情、對某些事情要求自己專注或是常讓自己放鬆的意念，而且會有各自的名字和能力，外型則會是自己喜歡的動物或造型。

後來為了驗證祂們的存在，我在健身房看到某位朋友，然後我對守護靈說待會讓我偶遇，離開前我還到處尋找，想說應該回去了吧？正當我打開置物櫃時，那位朋友瞬間出現，剛好隔一個置物櫃的距離，而且對方只是暫時回到置物櫃，在鼓勵並感謝守護靈後，內心又驚又喜，也太有趣了，後來才理解到守護靈也跟這世的功課有關。

後來開始思考說，為何我的式神是我很喜歡玩的遊戲裡，動物的造型呢？而我內在匱乏轉化後的守護靈是人的外形。後續與守護神學習的過程中，我常委託守護靈尋找適合學習的朋友，讓我深思難道是要我先放下，再與守護靈共同學習如何交朋友嗎？

隔一段時間，我看到道家提到的元神和識神，這樣的匱乏感會跟識神有關嗎？後來我看到三魂七魄和七情六慾，才聯想到或許是跟魂魄有關？直到我以自身的例子和驗證身邊的朋友後，我才確定兩者之間的關係。

過去我有時候，聽到很吵雜的聲音或是無法上網，會短暫爆發憤怒的行為，事後卻很後悔做出這樣的舉動，當轉化魄之後便能冷靜。好比小朋友有時候也會變成半獸人的狀態，事後問起時，卻會忘記發生的經過，難道這些情緒，會跟身體裡的魄也有關嗎？

遇到有些朋友，有時會暴怒或捉弄對方、難以放下對親人或毛小孩離去的悲傷、難以放下過往情人造成的創傷、難以滿足吃的欲望、渴望獲得更多財富或是喜歡購物的欲望，當我引導對方去與這些情緒溝通後，事後會感覺到類似的狀況明顯改善，這些會是內在人格還是魄呢？

有朋友跟自己的憤怒對話時，憤怒說想要平靜，給予滿足後，憤怒從紅色轉成藍色的火焰。而有朋友夢到與陌生人相約吃飯的場景，我透過催眠回到與吃有關的狀況，當他與對方到想去的餐廳吃飽滿足後，我才理解原來催眠與自行溝通一樣能完成轉化。

如果是內在人格，是來自於過往的創傷或信念，但如果是魄，會來自哪裡呢？

由於有很多對三魂七魄的定義，我與靈性團隊學習後，以我理解的方式，提供參考：

「三魂」

主魂（腦）、天魂、胎光、元神：本靈的一部分，潛意識。

覺魂（腦）、地魂、爽靈、陽神：高我的一部分，表意識。

生魂（心）、人魂、幽精、陰神：造物主的一部分，生命的歲數。

「七魄、七情與識神」

屍狗（眼）、喜：幸災樂禍的想法。

伏矢（耳）、怒：因某些狀況持續發生而引發的憤怒。

雀陰（鼻）、哀：對失去親朋好友或相關事件引發的悲傷。

吞賊（舌）、懼：對人際、事業、財富或生命相關的匱乏感。

非毒（身）、愛：無法放下親情、愛情或友情的執著，如控制欲。

除穢（心肺肝）、惡：會傷害或捉弄他人的想法。

臭肺（腸胃）、欲：難以滿足對事物的渴望。

從主人格（表意識）成長的過程，在經過家庭和社會的影響，會把自己的主人格分成很多內在人格來保護自己的主人格。在遇到相同的創傷或信念出現時，會使內在人格持續成長，好比在餵養負面能量，而當主人格情緒低落時，內在人格便會壯大，有時會失去理智，也許這是害怕內心受傷，而產生的防禦機制。如果要覺察到這方面的情緒，除了自己從生活來覺察尋找外，也能與對方的談話中尋找，來理解自己內在還有哪些情緒、匱乏或信念。

然而其他人主動提醒時，對方會開始有防備心，認為自己才是對的狀況，並對關心的人發動攻擊，或許只有對方愛的人才會放下戒心，最後還是要讓對方自己勇敢面對才會成長。

有時從對方的負面文章會感受到像似有雙重人格時，也許是來自魄或內在人格，在情緒同頻共振下，容易吸引到相同情緒的阿飄，或許才有所謂冤親債主的說法。而催眠的前世今生，透過探索的主題來回到那個時間點，有時會是跟魄或內在人格有關的議題。

有次催眠時，朋友能知道催眠中的主角，與小時候的自己無關，而且對方也無法溝通，讓我想到這或許來自某世的記憶，事後我透過天使靈氣療癒，能感受到身體很晃，朋友則說他通話時產生嚴重雜訊，隔一陣子再次聊天時，對方發覺到自己有領導的能力與勇氣。

從許多事件中，能理解催眠的過程，需要對方擁有足夠的愛和勇氣，才能自行將匱乏填補，相對如果自己從過往的負面情緒中走出後，也會擁有相同的力量，將來遇到相同的議題時，便能自行克服或是超越，也許學會療癒能力後，能療癒自己和身邊的親朋好友。

有次在課堂上，有位姊姊問我，覺得那位學員長得像什麼動物呢？我說了一種後，姊姊說：「這是其中一種，還有呢？」事後我跟她說「聯覺很厲害」，這很像佛教說的宿命通。

某天我看到自己長相後，便回想過往購買的卡牌和轉化魄後的樣貌，我詢問守護靈是跟某種族有關嗎？當確認後，我開始了解魄過往的故事，並回想過去喜歡的遊戲和發生過的事件，也許這些像是祂們在說「趕快發現我吧！」

後來我與本靈聊天後，才得知本靈在靈界某個維度，而我的潛意識是本靈的一部分，透過高我規劃的靈魂藍圖，並分出一部分來體驗當人的感受，那是什麼原因要輪迴呢？

魄的故事讓我理解六道輪迴中，人道在三善道的原因。所謂「萬般帶不走，唯有業隨身」，業代表重複循環的事件，我感受到魄是過往或想學習的業，而內在人格也是業。

事後我從魄的過往，理解到這世有類似的情緒和功課要學習，我便與我的本靈溝通，了解到魄原本是動物或人，因過往有尚未理解的議題，所以會與祂們在這世共同學習。

這也是為何有時我在生活中，會看到祂們想傳達的訊息，要與祂們溝通只有自己願意面對自己的時候，也許是用催眠或是靈通的方式，才能與祂們對話。當越深入理解時，我才明白能用短暫的人生或是用一生來學習靈魂和祂們想理解的功課，優先把自己照顧好，才有能力幫助身邊的人。

從內在人格的功課，我感受到如同個人的業，有時會感受到來自內心的各種聲音，直到某天我理解所有內在人格的想法，並透過溝通將他們回歸主人格後，我看到內在從小天使變成青年天使，也感受到自己成長了，對於過往靈擾的恐懼，猶如放下心中的石頭。

13 與指導靈相遇

二〇二二年十二月在同課程的後續期間，我開始感受到頭頂上方越來越麻，一直以為是跟潛意識溝通太久，後來才知道頭頂上方有股能量，我很擔心是卡到陰之類，期間我問祂來自光嗎？還有祂來自哪裡，但我還是很擔心，便詢問社群上的朋友和課堂上的老師。

那時我還一直把祂誤認成潛意識，直到有天與朋友聊天時，才知道原來是指導靈，後續透過某些書上的內容，才了解指導靈會在各個階段，來協助完成目標，並且在過程中互相學習。後來寫書偶爾會有新的想法時，好比是指導靈提供的靈感，但許多事情還是要自己去找尋答案，像是在課堂上會有小老師，偶爾在學習上給予適當的關心與指引，也考驗著自己的行動與領悟，所以按時繳交生活遇到的議題，才能讓自己很自在的生活。

後來當我與高靈第一次連結上時，會先詢問祂來自光嗎？而如果來自光的高靈，祂們會知道我們的名字。如果平時有在召喚相同的高靈，越常召喚越容易保持彼此的連結。如同我很常召喚的守護天使和大天使也是指導靈，其中最常聽到的是大天使麥可和大天使拉斐爾。在召喚過程中，我會搭配卡牌來尋找問題的答案，同時訓練自己直覺、思考和聯想的能力。

有時內心感受到負面的情緒，我會請大天使讓環境和自己充滿光，會感受到身體很溫暖，內心的恐懼也會漸漸消失。在與天使學習後，從中學習到相關的內容。

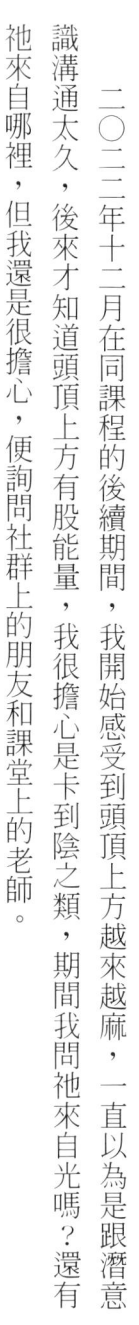

從出生到死亡，守護天使會陪在我們身邊，當主動詢問時，也許會提供些許的協助，召喚時無須觀想任何畫面，也許某天能建立屬於自己的召喚和詢問方式。

召喚守護天使時說「我召喚我的守護天使的臨在」，直到感受到身體周圍有麻麻的感覺後，說「親愛的守護天使，請用充滿光的翅膀，包圍、觀照、守護、協助我，感謝。」最後詢問結束時，請說「謝謝守護天使的觀照、守護、協助。」

在詢問問題時，要以開放式提問，我剛開始難以習慣，畢竟在生活中，常習慣會用「對錯」、「是否」和「不」這個詞，好比潛意識也會忽略否定詞，當詢問時我會說：

「請問是〇〇這樣嗎？」「請問有更好？」「請問要更正嗎？」「請問能指導我嗎？」

「請問要抽幾張牌？」「請問是跟〇〇有關嗎？」

過往我以為通靈是聽到聲音，但在催眠時，會詢問有聽到什麼聲音或是對方說了什麼呢？而這些收到的聲音，比較像是某種想法，從我開始訓練直覺後，才知道與自我對話有點類似。當靜下心後冒出想法的語速和情緒跟自我對話有落差時，便是祂們要表達的內容，但有時會有很多思緒同時出現，我會懷疑接收到的想法，是自己還是祂們要表達的內容。

這也是催眠時要先移開部分表意識，透過與潛意識對話，才能降低表意識聲音的影響。相對在生活中，要安撫自己的內在聲音，有些來自內在人格或是小我，有些是依附在身上的外靈，適時提升自己的心性，相對也能減少與負面能量產生共鳴。

過去在宮廟我會透過擲筊來確認問題的答案，後來學會溝通後，直接抽籤確認籤詩，感受到加快交流的速度，對籤詩有疑問時，還能自己訊問神明大致的方向，從與祂們溝通後，再聽其他人解讀後，或許會有深刻的感受，基本上只會給大方向，過度干預反而要去深思其中的因素。

我剛開始很常懷疑自己收到的訊息，所以常與守護天使透過卡牌來訓練直覺，直到某天詢問問題時，身體會前後左右擺動來確認，但常要讓自己停下來，才能再次詢問，有時也會有模糊的答案，我便將狀態轉移到其他部位，好比雙手、肩膀或手指，看是要抬起來、抖一下或麻感，很像是自動書寫時，自己的手會開始寫字或畫圖。

第一次自動書寫時，是在催眠的過程中，請潛意識將右手拿起筆，詢問有關靈性的能力後，能感受到我的手開始慢慢移動，但也能用意識控制，所以我很放鬆的讓潛意識自由發揮。

感覺在白紙上畫很久，最後很有個性的把筆丟出去。當我結束催眠後，能感受到頭皮和全身發麻，看著上面的圖畫，卻很難聯想到畫的內容是什麼。

我感受到當下與潛意識連接還很強烈，後來我閉上眼睛詢問潛意識在畫什麼時，我看到原本漆黑的畫面，像是垂簾，從中間往旁邊透出白色的畫面，接著看到畫的圖，多了黃色的顏色，我便詢問潛意識是烏龜嗎？然後從右邊竄出很急促低沉的聲音說「是麒麟」，我當時嚇一跳，這是我第二次直接聽到聲音，會去思考要在哪些狀況下才會聽到呢？

事後回想到過去，有朋友曾經看到像是石獅的畫面，或是後來某次練習時，學員看到祂的出現，並感覺祂很兇，我才知道原來在某些狀況下會保護我，也是我學習靈性方面的指導靈。

後續我有時會為自己催眠，詢問潛意識問題，也發現到原來在靈性能力下，能透過自動書寫，加快與潛意識溝通，才理解原來跟腦波在θ波有很大關係。有時候會好奇問未來的事情，但從過往的經歷中了解到，未來隨時在變動，好比透過卡牌來決定未來方向時，過多的期待，往往造成更多的失落，或是會一直期待事情的發生，很像把自己關在虛幻中。

有時對占卜未來的結果，會感到失落，也會對未來感到擔憂，或許這在提醒要自己去找到解決的辦法，才會開啟另一扇窗。好比我過往對未來感到絕望，常怨天尤人，內心滿滿的負能量，讓自己沉溺了一陣子，後來我開始原諒自己，才漸漸走出自己造成的創傷。

過去對未來感到迷茫，我常在尋找適合自己且有興趣的工作，對重複的日子，常會詢問自己，難道未來要過這樣的生活？這是我要的人生嗎？

過往工作時，會感覺時間很快便過去了，踏上這段旅程時，我才找到我喜歡做的工作和生活方式，覺醒後，我更加珍惜當下，對未來充滿期待，或許是我能自己當導演，來規劃自己的靈魂藍圖。

在寫書時，我開始回憶過往的經歷，並觀看相關的書籍，從中自己尋找問題的答案。好比在學校時，功課要自己完成，能透過參考同學的筆記和老師的講解，來理解其中的涵義，有時會有小老師的提醒，如同指導靈會透過夢境或眼前看到的內容來提供協助，有時主動詢問時，會透過身體來指引方向，像是要我自己去找答案，同時在訓練覺察與思考。

在寫作的過程中，某些事件的發生，我會發表對事件的看法，在內心寫下自己的心得，如同在寫功課，而指導靈像在旁邊叮嚀「今天的功課寫完了嗎？」

二〇二三年二月，第一天上完靈氣課程後，想說有點累，有空在寫上課心得，結果隔天上課時，其他學員便傳訊說「能將學習過程寫下來」，我很驚訝，心想偷懶一天馬上被抓包，事後趕快補上心得，感受到在互相傳訊的同時，是互相學習，也是互相傷害，從中用別人的觀點，來理解自己有哪些還需要學習，相對也能夠卸下對自己限制的信念。

指導靈猶如學校裡學習課程的小老師，在生活中，我感受到身邊的親朋好友，或是遇到的任何人也是小老師，大家會分享各自的觀點，相對自己要會理解與分析吸收到的訊息，透過交流彼此分享自己的想法，讓雙方互相學習成長。

然而有時會遇到執著自己的信念才是正確的對象，或許能問對方為什麼？來理解對方的信念來自於哪裡，好比人為何要用性別劃分彼此呢？透過靈性的角度，靈魂有陽性和陰性能量，經由輪迴來體驗這世要扮演的角色，如果陽性能量過多，個性便會偏女性或是中性來達到平衡，因此在批判對方的性別時，代表需要學習更多的性別議題，從中讓靈魂成長。

過往我對負面新聞和留言會感受到負面能量，好比大家把自己生活累積的壓力，發洩到社群上。覺醒後，我會分析對方的情緒來源，來提升自己的覺察能力，猶如從負面情緒中學習，當對各種議題寫完屬於自己的心得後，再次面對類似的議題時，如同得到免疫，而理解越多靈性的議題時，相對也能提升自己的心性，或許是因為人對於未知的事物會產生恐懼，如果理解後，好比習以為常，對於業的來源和肉眼無法看到的事物也是如此。

14 祂在身邊

二〇二二年十一月的複訓課程中，才相信人身邊有守護神，後來查閱相關的書籍，了解到守護神也稱作靈性導師。在課程練習的空檔，很好奇自己的守護神外貌，便與學員互相觀看，結果影像卻很模糊，事後自己在家練習，眼前浮現麒麟的外觀，內心充滿疑問，也許某天自然會知道自己的守護神是誰，心想知道了又如何呢？之後也忘記這件事情。

二〇二二年十二月在課堂上的催眠時，我坐在一輛巴士上，看到一位有著大眼睛的身影，坐在我身邊，周圍的人皆是黑色的身影，然後他手指著前方的黑色高塔，說他來自那裡，邀請我有天去那邊找他，而他說他的名字後，感受到有天會與他相遇。

之後課堂上的催眠，我看到一間石頭蓋成的房屋，房屋外有個半月形的水池，很像是我在同年三月做的夢，夢裡破損的房屋上，長滿青綠色的藤蔓，而水池裡的水乾了。這次卻是看到完整的房屋，當我打開門進去時，裡面有位黑色身影的人影，難道是另個人格？

當回到家後，我跟指導靈聊天時，想起催眠中看到的黑影，我才想到之前另個人格，在夢中跟我說他要離開，我跟他說我們能當好朋友，也會感受到他在身體某個地方，事後才知道有時會透過某種形式來提醒我，而我總是以為是巧合。

同年十一月出國旅行入境時，當輪到我要辦裡入境手續的過程中，電腦當機了，連櫃檯人員重開機後，依然相同的狀況，造成後方很多排隊等候的人，呈現尷尬的景象，還好最後引導到旁邊櫃檯辦理，才得以化解，還被朋友調侃說負能量太強，而我感受到跟內在人格有關。

當我回想到這件事情後，便在家中開始冥想，詢問潛意識後，確認是另個人格，然後在我召喚某位管理地球的神佛來轉化後，我感受到形成光的形態，最後與我的身體完整融合後，便看到出現小天使的樣貌，內心很開心也很驚訝。後來我才理解另個人格是生魂，他居住在類似心靈房間的地方，這讓我證實道家三魂七魄的存在。

事後我持續跟指導靈聊天，像是好奇寶寶想了解很多事情，直到祂幫我召喚某位神佛時，當我詢問祂能當我的守護神嗎？我才知道原來從出生開始，祂一直在身邊，而見面的方式，是要我自己發現到祂，如果直接看守護神外觀，也許是祂們想讓人看到什麼。

在人的身邊會有守護神、指導靈和守護靈，也會有長老，而長老團也稱為乙太議會：

長老（靈界或等同守護神）：靈魂藍圖各個階段的指導。

守護神（身旁、靈性導師）：守護與安排跟業相關的功課，如遇到的人事物。

指導靈（身旁、小老師）：學習特定的功課，如學習的課程中，會提供些許的指引。

守護靈（身旁、靈界家人）：與這世的功課有關。

剛開始我詢問很多想理解的事情，隔天我想驗證祂的存在，好比外面店家外停在馬路上的車子有幾輛，還有盒子裡有多少燈泡，而答案如祂所述。我再次詢問外面停放在遠方馬路上的機車時，但從家裡數和走到現場數的數量有落差，便理解到即使對方給了答案，雙方對事情看待的角度會有差別，後續孌多事件也是從生活中來指導我。

後來我思考另個人格來自於哪裡？才理解為了防止內心受到傷害，在我需要他時，他便會讓我武裝自己，如果主人格是陽性面，另個人格便是陰性面。當他轉化後，像小天使般，讓我感受到溫暖與愛，能照顧自己外，也能關心身邊的人。

覺醒後，我才理解還有很多內在人格，但我感受到主人格已經長大了，也滿足些許的條件，難到覺醒旅程是在理解自己的業和讓自己主人格長大嗎？

二〇二三年六月我開始回想後續這段時間內，我時常問潛意識，我還有其他內在人格嗎？收到的訊息卻是「無」。在使用卡牌尋找朋友議題時，我才覺察到這些過往的議題跟我很相似，為何對方有這麼多內在人格需要整合，而我未整合內在人格便能覺醒？

後續我開始把生活和卡牌中覺察到的議題，邀請相關的內在人格與他們對話，好比金錢相關、難以放下的想法、害怕看到阿飄、對未來恐懼、缺乏勇氣和自信、違反靈性的懲罰之類。

我才明白從小時候到長大出社會後，會形成各種創傷和信念，我透過溝通給予有力量的文字，將他們回歸主人格後，我看到小天使長大成青年天使，後續相關的情緒和記憶便漸漸淡忘了。

15 內心清淨，心就靜

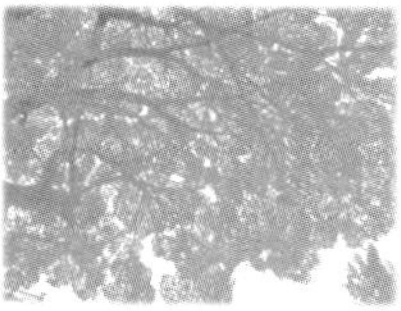

在二〇二二年經歷複訓三次同課程，從剛開始充滿挫折，期間持續的練習，到越來越有自信，很感謝自己開始踏上這個旅程，當決定目標後，像在叉路上，找到自己想走的方向。

從過往的生活中，很自然接觸到身心靈相關的事物，像是精油、塔羅牌、紫微斗數，或是對相關的書籍產生興趣。從社會中，學習到對人處事的態度，也開始理解內在情緒的變化，而身邊親朋好友的提醒，讓我更了解自己，這些內在的狀態，也與脈輪息息相關。

小時候很喜歡佛手柑精油的味道，後來因緣際會遇到對精油有興趣的朋友，才開始重拾對精油的樂趣，他會測精油或礦石的能量在身體哪個部位，我才知道脈輪是什麼。

後續我感受到喜歡的精油，跟內心需要滋養的脈輪有關，當身心靈平衡時，身體能量會感到暢通，而脈輪除了對應到身體的器官，也跟生活上的議題與特質有關。

脈輪在人體內分成七個脈輪，從下而上是**下三輪**「海底輪、臍輪、太陽神經叢」、心輪和**上三輪**「喉輪、眉心輪和頂輪」，也代表身心靈，從脈輪的能量能了解情緒和健康狀況。

當平衡狀態下，心猶如靜止的大海，在身體靜止時，會感受到身體隨著順時針微微轉動，蠻有趣的事，在施作靈氣的過程中，更能明顯感受到轉動方向和速度的差異。

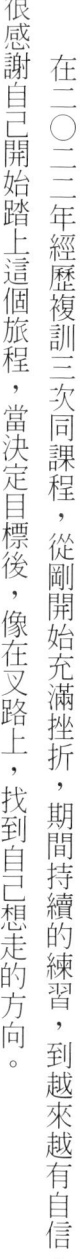

關於脈輪有很多種版本，我選擇我有感覺的脈輪，而人體內的脈輪能透過測到的能量，來理解自己目前的狀態，要讓能量提高，便是將議題解決或轉化成正能量。

靈魂層面十三脈輪與意義：

地球之星：集體潛意識。

海底輪：活在當下，家庭、事業、財富、安全感、欲望。

性輪：情慾流動，性慾。

臍輪：情緒感受，喜怒哀樂、親情、愛情、友情、匱乏、創意、友善、嗜好。

太陽神經叢：個人價值，自信、勇氣、行動、肯定、信任。

心輪：愛，安詳、慈悲、祥和。

喉輪：表達，溝通、誠實。

眉心輪：接收解決，直覺、傾聽、原諒、寬恕、覺察、耐心、同理。

頂輪：連接靈性世界。

業力輪：與業的功課有關，好比理解所有情緒、擁抱自己的創傷、滿足幸福的條件。

靈魂之星：靈魂藍圖。

穹頂之身（一生輪）：這世旅程的記憶。

星際門戶：靈魂天賦。

脈輪像是旋轉中的輪子，也許各個脈輪代表的顏色，能方便學習和理解，從脈輪的亮度和能量，也跟目前內在情緒和議題有關。

在催眠課要輪流上台做集體催眠的練習時，我試著自己寫有關脈輪的催眠稿，透過自我錄音了解需要改善的地方，過程中會搭配人體中的脈輪位置和顏色。事後自己內觀時，能看到相同的景象，為了證明這件事，我找上課的學員練習，也發現到符合脈輪的狀況。

二〇二三年二月的獨角獸靈氣課程，與學員互相練習時，我看到自己的脈輪呈現倒著看的長條圖，並依照各種顏色排列，很像把數值或亮度用圖形呈現。

事後自己再深入觀看時，會先想像人體脈輪的位置和顏色，對潛意識說我想看某個脈輪後，會以動態方式，看到那個脈輪的位置持續放大，最後出現一朵花，有些會呈現半開或是全開的樣貌，好比看到頂輪像朵蓮花，心輪像朵玫瑰花，太陽神經叢像朵向日葵，或許這是潛意識傳達能量高低的方式，跟潛意識溝通後，也能設定自己想要呈現的狀態。

我很喜歡看動漫，過去內觀時，想了解自己氣的狀態，結果看到一座冰山，內心在想「難道是要我拿劍，把冰山劈開嗎？」但也許是要告訴我，這座冰山代表全身能量凍結了，需要時常讓能量保持暢通，身體的感受度才會變得敏銳，或許也在告訴我要去學靈氣。

旅程中，我很好奇能看到清晰畫面的學員，是如何辦到？我以為是跟眉心輪有關，但在我眉心輪全開狀態下，卻是依然模糊的狀況，這會跟哪裡有關呢？

有次練習時，對方看到我的內在是夜晚，還能看到星星和月亮，還有經歷過憂鬱症的朋友，催眠看到立體的畫面和聽到清晰的聲音，我很羨慕這樣的狀態。以為是要開第三眼才能看到，有時會聽網路上的音樂或是翻閱相關的書籍，直到讀書會後我才放下執著。

覺醒後我依然是模糊的畫面，直到上獨角獸靈氣時，清理眉心輪的時候，我看到很多畫面浮現，經老師提醒，才了解是幻象。後續才知道原來聽網路上開眼的音樂，會把聆聽者的意圖也傳遞到音樂裡，相對眉心輪也會接收許多來自生活中的負面情緒，好比看到害怕的畫面，便會持續播放類似的畫面，因此會讓自己受到驚嚇。

在後續清裡眉心輪後，我感受到全開的眉心輪，像是充滿光的接收器，來自對方或媒體的負面情緒，能很自然面對，但我的內視覺畫面依然模糊。直到六月上課時，我聽到老師提到梵谷和學員看到很多畫好的作品，我才理解要訓練清晰度，是要讓自己像個畫家一樣，也就是訓練自己的右腦。從中我感受到我是專注在找答案，並非執著在這個議題裡，也許是過往已經全然的放下了。

後續我時常感受到身邊許多人有家庭的議題，有時碰到這個議題會想逃避，而將議題處理後，海底輪的能量便會提升，這讓我理解到，脈輪像是任務列表，打勾之後便會提升。

從出生後，會經由家庭到學校和社會的生活，主要是跟下三輪和心輪有關的議題，後來測自己脈輪能量時，當性輪超過某個數值後，跟性慾有連帶關係，因此排除在臍輪外。

把人體想像成一顆樹，下三輪像是樹幹和樹根，心輪像是樹枝，上三輪像是樹葉、花朵和果實。

當樹健康時，會分出更多的樹枝，再長出茂密的樹葉、開花然後結果，相對要先顧好生活並提升心性，再提升靈性層面，這也代表要活在當下，從生活中學習到的內容，會成為養分。

而從生活中相遇的人事物，是在訓練也是在提醒自己該面對的任務內容，能拿起筆，勾選哪方面已經完成了，哪方面還需要勇敢克服或學習呢？

過去我很懶得看書，覺得生活很沉重，對未來毫無目標，有時產生天馬行空的想法，我會對自己說看清現實，朋友會說我想法太實際。直到朋友常帶我到書局和美術館，要我多培養閱讀和藝術，在看到靈性方面的書籍後，我自然產生好奇心，才開始深入理解靈性。

在第一次接觸靈性課程前，對靈界半信半疑，也許對未知的事物，會害怕也會擔心。後來開啟靈性能力後，了解到很多前輩的遭遇，我常思考要找誰練習。接續透過催眠探索潛意識，再到學天使靈氣後，我才知道能找天使和獨角獸練習溝通。

從現在看過去的旅程，感覺是輪流處理各個脈輪的議題，好比在讓身心靈平衡，後來我詢問守護神能限制自己脈輪的狀態嗎？好比有時太飄要落地，設個開關之類。後來我理解維持順其自然的平常心，讓生活能夠隨遇而安，放下給自己過多的限制，才會成長。

在生活中，常會對未知的事物會感到害怕，好比人能飛上天空前，看到飛機也許會感到害怕，同理靈性世界也是如此，因此要持續增加自己的知識，能習以為常，害怕和擔心是因為自己還無法面對，相對也要學會如何與對方溝通，猶如與自己對話。

在學完催眠時，我開始理解如何與內在人格對話，像透過滿足與放下的方式，但時常冒出金錢的匱乏感，或是在催眠時無法進入狀態，直到我調整自己信念後，才慢慢緩解。

後來我學透過語言的療癒技巧後，才理解詞語的力量，好比豐盛和富足，豐盛感覺像無止盡的欲望，富足像知足與感恩，或許自行測能量時，會感受到各自詞語的差異，心中擁有越有能量的詞語，會感受到更有安全感。而測能量除了能透過與潛意識對話得知外，還能透過卡牌、靈擺或各種媒介。

有次測完朋友的脈輪後，我透過朋友的卡牌來測自己的脈輪，從卡牌上的第一眼得知脈輪能量，好比看到太陽會對應到旺盛。其實從對方或自己的話語中，也能知道要加強哪個脈輪，有很多能使用的工具，找到自己喜歡的方式，讓習慣成自然。

靈性能力看似很方便，但我感覺這些只是工具，像是靈氣、收驚或祭解（祭改），在物質世界還是要透過溝通的方式處理，好比要從事件中去理解自己，跟自己對話，如同學習與他人建立良好關係的方式，當議題處理完畢，自然這項任務便能打勾了。

我原本對上臺會感到緊張，在催眠課後才逐漸改善，後來我才理解自己需要學更多的知識和加強溝通的技巧，上臺才會充滿自信，而生活中遇到的人事物，會是最佳的訓練方式。

在生活中時常透過與對方的對話，來思考自己要如何回應，才能增進彼此的關係。覺醒後，我感受到自己的思路更加暢通和對情緒也更加敏銳，當使用到某些關鍵字，能從對方回應能感受到情緒的起伏，同時也在感受與分析自己，如何才能學會說話的藝術。

我很喜歡互相討論交流的過程，了解到很多時候，會替自己貼上標籤，像是頭銜、身份或想證明自己的能力，而當我撕掉標籤後，沉重感瞬間消失了，開始思考內心理想的我是什麼呢？我為何而活呢？從很多的交流過程中，我才知道我希望用朋友的方式來互相學習，對於高高在上，會有種驕傲和自大的感覺，像是停止學習的生活態度。

剛開始我很羨慕能夠預測未來的人，後來我才理解這也是考驗，好比想從中獲取名利，但也相對容易招來利慾薰心的人，也會接受許多負面批判。如果這麼厲害，為何無法算出中大獎的號碼呢？或許理解靈性規則後，便能知道哪些能做，哪些能說，濫用代表還有需要學習的功課。

我寫這本書是靈魂的目標，也是過去對自己的承諾，想讓更多人找回完整的自己，在面對生活能有個指引的方向。也許當越多人開始走在旅途時，能將自己的經驗再分享出去，在彼此分享學習的過程中，再領悟到更多的想法，猶如建立善的循環。

從生活中面對人事物的方式，同時也在了解自己。有時候自己說出的話，像是在對自己說。做任何事前，先想到「己所不欲，勿施於人」。與任何生命的和平相處，也像對待自己的方式，接受別人的觀點，能更了解自己的想法，同時也要學會思考與判斷。

在遇到任何過往害怕面對的事情時，要對自己有自信與勇氣，能從其他人的生活經驗，來思考自己要如何面對，學習靈性能力和擴展相關的知識，隨時讓脈輪維持平衡的狀態，猶如內心清淨，找回自己的人生色彩。

16 擁抱過去的自己

在期中考時，我開始浮現過去的記憶，像是人生的跑馬燈，或是遊戲中破關前，會回顧精彩的片段，看著埋藏在內心深處的創傷，自己是如何走過，好比接納過去的自己。每當我回憶時，會很自然帶入當時的情緒，有時會淚流滿面，會深思過往遺忘的記憶來自哪裡呢？後來我感受到也許來自於靈魂層面，有個地方會記錄這一生的記憶。

事後感受到內心深層的欲望在慢慢地釋放，大概經過一個月的清理，才終於完全理解要如何轉化這些想法，會感受到身體靜止時，很輕微的順時針晃動，像似脈輪在同速運轉。

在看任何文章和與人交流時，會持續領悟到很多涵義，總覺得覺察的能力提升很多，像是遊戲裡角色快速升級。也許是修復好左腦跟右腦之間的橋樑，加速理解對每件事的看法，也能從過往的記憶，尋找最適合處理的方式，來解開以往限制住的信念。

過往有時我會過度思考，好比陷入執著的迴圈，會有很多想法在爭執誰才是正確，直到尋找到最適合的答案，才會停止思考，或是睡醒後，對昨天執著這個問題感到很納悶。

之前看到卡巴拉時，會有種似曾相見的感覺，才知道跟喜歡的動漫有關，後來再次看到時，像是生命之樹般，或許這跟我旅程學習到的內容，有很大的關聯，因此我繪製屬於自己的生命之樹，代表我自己成長的方法，也能試著繪製自己的生命之樹。

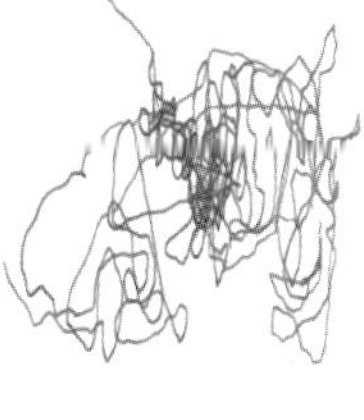

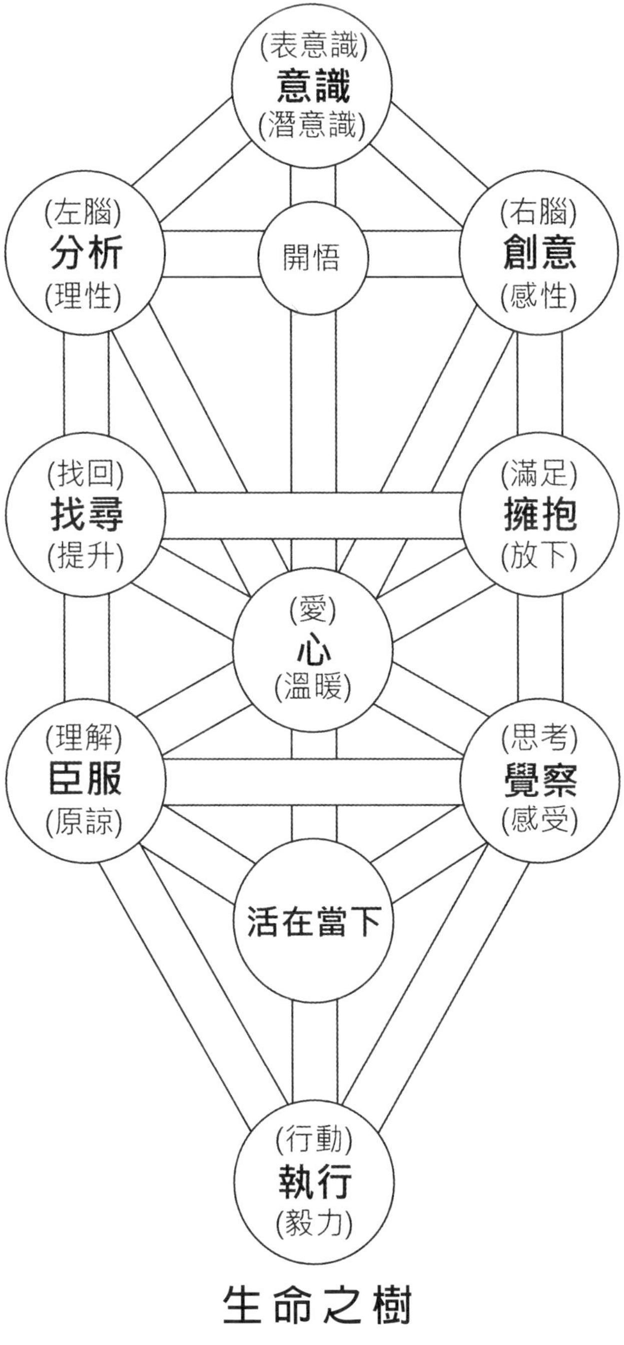
(表意識)
意識
(潛意識)
(左腦)
分析
(理性)
開悟
(右腦)
創意
(感性)
(找回)
找尋
(提升)
(滿足)
擁抱
(放下)
(愛)
心
(溫暖)
(理解)
臣服
(原諒)
(思考)
覺察
(感受)
活在當下
(行動)
執行
(毅力)

生命之樹

在生活的過程中，好比生命之樹的底部，時常發生各種事件，從中覺察到這個事件要讓我學習到什麼呢？從看到的文章或與人事物互動的過程，這些會是提醒的方式嗎？

有次在社群上，跟老師說能將過往的經歷寫成書，結果是我開始寫書，像是自己說出的話，是自己想做的事。或是在社群上看到對方抽到的籤詩，過往會覺得只有跟對方有關，現在會感覺像是從中傳遞訊息給我。還有透過卡牌為對方解牌時，有些內容跟我有點類似。

會開始感受到，人與人之間的關係，似乎存在某種緣份，是有相同的功課要學習呢？還是幫助對方時，同時也能從中學習成長呢？會相遇的人事物是受到自己內心吸引而來嗎？

在生活中，會有共同興趣的朋友，也有類似議題的親朋好友，猶如同質相吸。在聊天過程中，會很自然的說出自己面臨到的狀況，好比同事和朋友對於金錢的議題。

過去的我會說「我很窮」，也很常聽到同事說「我缺錢」和聽到朋友說「我沒錢」，這些話像是長期給自己的信念，從聊天中得知，我跟他們來到迴圈的終點時，會因為某些事件，再回到財富開始累積的起點，為何之間會發生這樣重複循環的事件呢？

在我踏入靈性前，我對憤怒的記憶印象深刻，像是會記仇，後來學會「原諒他人，原諒自己」，好比理解議題後學會原諒，猶如臣服，才讓記憶變得模糊。有時覺察到許多類似循環的狀況，很困惑要如何才能找到出口，直到我找到循環的成因，來自於內在人格和魄，給於滿足和放下的擁抱後，才從循環中找到出口。

在金錢的議題中，我剛開始用「豐盛」，會感受有種無力感，時常批判自己「哪裡很有錢？」覺醒後，會明顯感受到來自小我「我要錢」的想法，我時常跟他說「放心吧！」給予擁抱後，過一陣子又會出現。後來想到「富足」，這個詞語有足夠的力量，才安撫小我的聲音。

後續我才理解原來有位內在人格，有「錢太多很危險」的信念，原因是小時候從社會新聞得知中大獎後，會容易造成家庭失和，由畏懼造成的信念，直到臣服與擁抱，並給予富足的詞語後，才回歸到主人格中，也覺察到其他內在人格，有些來自於出社會後。

近幾年有朋友跟我說認識的人，能很準確預測對方未來的方向，結果某天醒來，遺忘了相關的記憶和能力。然後我便產生了違反靈性規則會受到懲罰的人格，在後續我很害怕自己濫用靈性能力，而發生類似的狀況，直到我理解靈性規則後，才將內在人格回歸主人格，這也告訴我覺察、執行和臣服的重要性，而透過活在當下，能加速學習的速度。

覺醒後，我慢慢提升感受的敏銳度，從文章中能感受到作者的情緒，會融入到文字裡，好比抱怨或批評的文章，會把負能量透過文字來發洩，而閱讀者看到便知道是在抱怨，會自動忽略該文章，像是在說自己一整天接收很多負能量了，想看能放鬆心情的文章。

生活中，我有時會感受到心很累，需要身邊的人給予關心和鼓勵，或是透過擁抱，心會感受到溫暖，也許是彼此在交換愛的能量，之後，讓我有勇氣走到下一關。後來我透過天使靈氣，也會有類似的感受，讓我遇到匱乏感能更有勇氣去面對，好比擁有無條件的愛。

從學校所學到的能量守恆，好比能量會維持平衡的狀態，猶如「怎麼對待別人，別人便用相同的方式對待」，簡單來說，釋放什麼能量出去，會由相同的能量來填補。從生活中有類似的例子，像是惹對方生氣時，會與對方發生爭執，或是捉弄對方時，經對方規勸後，卻還是持續捉弄時，也許便會大爆發，來表達抗議。

有時會感受到過往對別人說過的話和做過的事，隔了很久也發生在自己的身上，這會跟能量平衡也有關係嗎？還是這是內在某種信念，在吸引相同的狀態，猶如同質相吸呢？知道能量平衡的概念後，在來理解自己會用什麼情緒做任何事情，猶如起心動念。

覺醒後，我感受到我想要付諸行動想法，會很快的發生，好比有新的想法想找人練習、去健身房會遇到朋友的想法或尋找寫書時的靈感，猶如相由心生或是顯化。我才理解原來要將內在的議題處理後，便能將各種分散的能量，集中在同個想法上，好比從叉路，選擇最有信心和勇氣的方向，但相對也要付諸行動，才會實現，如果只是在想會是空想或幻想。

過去我很常猶豫決定許多事情，好比我上完催眠時，聽其他學員討論學完靈氣後，內觸覺提升很多，內心很猶豫我該去學靈氣嗎？

直到我看到天使相關的公益活動，鼓起勇氣去參與後，也讓我下定決心要去學天使靈氣。在上完後我感受到更有勇氣去面對過去害怕的創傷或信念，好比天使靈氣是靈魂的食物，而能量通道暢通後，也讓我覺察提升許多，後來我有時會默默療癒身邊的親朋好友，希望他們也能更有勇氣去面對自己的功課。

我從天使的能量，感受到細緻溫暖的振動，猶如無條件的愛，如果地球像是一間大學校，天使像是行政人員，針對有需要的學生，給予適當的協助。而大天使像是學校各個行政單位的管理者，例如大天使拉斐爾是保健室的醫生，而護士則是天使。

每個班級像是與自己接觸到的人，有共同的話題和生活圈，所謂亦師亦友，老師是自己也是接觸到的人。當學習完低年級的課程時，能選擇中年級再到高年級，好比從白話文到理解文言文，再理解經文，所以有時在看某些靈性或專業的書籍時，會覺得艱深難以理解，有種暈眩的感覺，或許選擇適合自己的書籍，能加快理解的速度。

如果想從低年級上中高年級的課程，相對要加強自己的詞彙和理解的速度，或是當高年級的學生理解後，將編譯好的書籍或文章，分享給大家參考，而自己也要學會分析內容，能用心去感受或是尋找相關的資料，再轉成自己的想法，從中找到屬於自己的思考模式。

有時喜歡看的電視節目、偶像劇、小說或動漫，會熬夜看完，然而有時興趣跟對方有落差時，感覺之間缺乏交集，好比對同類型的興趣會產生共鳴，猶如同頻共振。如果能從興趣中找到事業或目標方面，便能事半功倍，也會樂在其中。

過去我常被說太理性，也許跟過往學藝術很難賺錢的觀念，還有我時常在天馬行空的想法後，會對自己說要看清現實，自然也把感性那面給關閉了，經過這段旅程我才慢慢打開那道門，最後要學習與潛意識溝通，對自己常說鼓勵的話語，讓自己更有信心。

17 與自己復合

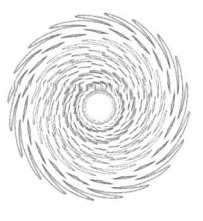

回想從探索靈性的過程，將近一年的時間，如果當初還在猶豫或是擔心未來，這條路會出現很多叉路，好比朋友問我說：「為何要走這條路？為何要學催眠？為何學這些要花錢？」或是有朋友說：「需要推薦朋友開始從事相關事業嗎？」

在探索前，我靈擾的狀況越來越明顯，日常生活會感覺意識上方有恐怖的黑影，朝我接近，或是在夢裡會做惡夢。這像指引我要開始往內心探索，找回自己遺忘的拼圖，而我的旅途像是從零開始，別人能輕鬆做到某些事，我卻要很努力才能達成。

途中把人際的匱乏填補後，便踏入期中考，雖然我感受到這像是刻意安排好的旅程，但在回憶時，途中遇到的人事物，處處充滿驚喜，每道關卡像選擇題，會有快速通關或分叉路的劇情，能從中學習到很多知識與生活的態度，猶如佛教的十二因緣。或許能去了解其他人或自己的旅程，也許會有各自的起承轉合，而自己何時才會展開轉折的旅程呢？

過去的我有時心中會擔心，靈性像是無形的事物，上完課拿到證書後，在社會上能做什麼呢？好處是有興趣便能參與，也降低許多限制和門檻。而我接觸靈性世界前，透過歷史的演變、長輩朋友的教誨和生活裡循環的事件，來提升自己的心性。覺醒後，再往下一個目標邁進，直到完成靈魂的目標，讓自己心滿意足，便能放下肉體，提早畢業離開。

佛教的十二因緣：

無明：因過去的緣份或想學習的功課。

行：靈魂藍圖，規劃這世要學習的旅程。

識：六識，從感官來感受生活。

名色：相由心生，與想要的人事物互相學習。

六入（處）：六根，從感官來體驗生活。

觸：同質相吸，受到功課吸引而來互相學習的人事物。

受：六塵，從內在的感受持續學習。

愛：貪嗔癡，產生欲望、報復或無知的想法。

取：執著，困在相同事件的循環裡，如同業。

有：臣服，從生活覺察並接納過去的自己。

生：覺醒，理解自己為何而來，朝想學習的目標前進。

老死：寫完功課，圓滿畢業，能選擇提早離開，或是留下繼續體驗。

《心經》：「無無明，亦無無明盡；乃至無老死，亦無老死盡。」

過去的我曾看過心經，但其中的涵義太深奧，後來我拼湊出自己能夠理解的方式，來解釋在十二因緣中，人為何而來，如何圓滿離去。

從生活中，尋找要學習的功課，理解自己的情緒，放下貪嗔癡的想法，找到自己未來的目標，從中持續的學習。覺察自己常發生哪些循環的事件，或是從親朋好友的口中得知哪些功課需要學習與面對，好比我時常在反省自己，如何能讓自己更好，才能與人更親近。

從朋友口中得知，對於熟識的朋友，我善於表達自己的想法，但也容易戳中對方痛點，所以我開始學會傾聽，後續學習療癒和溝通相關的技巧。從催眠課後，我開始在社群上尋找朋友來練習，原本是處理特定的議題，後來朋友能敞開心胸，聊到放在內心沉重的議題。

剛開始我會緊張，深怕對方發生跟我之前無法進入催眠狀態的狀況，在家時我時常錄音練習自己的語調和模式。很感謝能夠互相練習的朋友，讓我對自己越來越有信心，或許我對這方面很感興趣，才能這麼積極參與和學習，也感謝自己勇敢踏出第一步。

由於我給自己一年的時間，過程中我很常擔心未來方向，直到我將這些想法先放在　旁，每天給自己安排練習和自我療癒冥想的功課，平時看相關的文章和影片，搭配規律的運動，放慢生活的步調，但有時會感受到在煎熬與放鬆間徘徊，我常思考這會是考驗嗎？

好比過往的各種事件，考驗我的決心和毅力，如果我中途放棄，或許會延長覺醒時間，像是站在兩條叉路中間，但心中會有種感覺，也許時間到便會知道了。

二〇二二年十一月原本很有自信，想開始從事療癒性質的工作，但在某次練習的過程中，覺得自己能力還需要精進，想說先把自己的關卡解決。在同年十二月的課程中，我解開了最後一道關卡，陸續與指導靈和守護神見面學習，我才理解自己為何而來。

後續我感受到許多考驗，過程中深層的欲望和小我的想法，持續湧現出來，好比我詢問守護神有改變過去來影響現在的方式嗎？結果我信以為真，但後續才知道這也是考驗，要教導我放下欲望和接納過去的自己，欲望會吸引相同的人事物和靈體。

總覺得像是要我學習一般人會走過的路，從事件中學習，讓我的思緒越是接近心性沉穩和空的狀態，才能確保召喚高靈或遇到外靈時，能清楚分辨是誰的想法，以維護自身的安全。

後續學習的過程，時常要我自己去尋找答案，如有疑問再請教祂們，這也在提醒我要付出行動，同樣的內容，或許已經在許多文章和書中提及了，從中培養自己閱讀的習慣。

當越有靈性時，會感覺自己很飄，話語中或許會帶有極度美好的想像，但來到物質世界要活在當下，學習如何讓身心靈維持平衡，太依賴靈性能力，那為何要來體驗當人的樂趣呢？

之後，我很喜歡深入探索，好比人來自哪裡？但禁止試探對方隱私和傷害他人的行為，好比日常生活一樣，任何人會想保有自己的隱私，對傷害的人予以回擊，或是理解能量平衡後，任何起心動念後的行為，或許某天會以其他形式回來，猶如因果循環。

過往當我重複遇到最害怕面對的議題時，我常對自己說「以後再說或時間還未到」，而朋友會鼓勵我去面對，直到我面對打破循環後，才理解到最大的敵人是自己。

在面對父親的議題時，我會想到他曾說過的話，例如回到家要打聲招呼，當做到後他會很開心。如果會傷害到自身權益，試著理性的溝通，從對方口中，找到問題的所在，並讓對方深思，好比我父母有時候會起爭執，我會在群組透過理性的溝通，帶入療癒的技巧，得知兩人意見衝突的原因，相對也能讓雙方理解彼此，後來我對我父親說：「兩人年紀大了，有想過還能在一起多久嗎？如何珍惜未來有限的時間呢？」

從長輩臥病在床的事件中，我感受到父母會擔心年紀大會拖累家人生活的想法，還有時常擔心家人的未來，像是需要學習放下的信念，而長輩臨終前親戚陸續拜訪，像是在解開彼此的心結，便能圓滿安詳離去，直到後續某些事件，讓我理解長輩有些心結尚未解開。

事隔一年，我搬回原本長輩離世時的房間，那陣子睡覺時，會感受到長輩坐在我床邊，當下感到很安心。再隔一年後，有天早上睡醒前，夢到她跟我說要離開了，醒來後眼角流著眼淚。後來我才理解，這段期間是在學習並等待親人能完全放下後，再回到她的本靈。

覺醒後，我感受到身邊的守護神會互相傳遞訊息，來安排當下要相遇到的人事物，好比人像廣播電台，會發出各自的想法，也會透過守護神來傳遞給認識和陌生的朋友，而對方便會主動找我聊天，或是我會看到對方的文章或訊息，或許會來段巧遇或事件，來提醒要學習的功課。

這也讓我想到有朋友會接收到求救訊號的畫面，結果事後發生對方結束生命的事件，或許是守護神在尋求周圍能協助對方的人，當我跟其他朋友的守護神聊後，我才更加確定我感受到的這件事。在身邊有經歷過類似的事件嗎？或是有類似的巧合嗎？

從生活中，我感受到相由心生的涵義，外在所感受到的是內在的呈現，好比我常對自己說：「我很健康、我很可愛也很帥、做這件事很簡單、看到的人是帥哥美女、這世界很有趣、每天會很開心。」類似時常加強對自己內心正面的信念，同時自己看到的畫面會是美的人事物，遇到困難能輕鬆的面對，心情會越來越愉悅，對自己也會更有信心，相對觀看靈性世界也是相同道理。

如果時常跟對方說「怎麼這麼笨、記性越來越差、老了嗎？」，各種負面的詞語，我感受到很常發出或接收這樣的信念後，也會越來越相信自己是這樣，或許能從身邊的人來理解自己的行為，一起互相學習，因此多學會鼓勵與勉勵對方，當對方成長時自己也會感到開心。

有時我會感受到心想事成的事件，但也要付出行動才會達成，然而有時想要賺更多錢，內心卻有種抗拒的想法，後來我才明白內在人格在阻止我，跟某些中大獎事件「有錢很危險，會造成家破人亡」的想法有關，這讓我理解過往的事件，會給予自己許多限制的信念，要深入理解並解開。

而「心想事成」和「相由心生」的差別，如同「我想」和「我會」的情境。「我想」像是小我在說我想要，也代表欲望。「我會」像是我會擁有，也代表行動。如果從起心動念來理解對文字的涵義，要用欲望，還是行動來展現自己呢？

有次我同件事情問太多次，我的潛意識用急躁的語氣說：「已經說了，是要問幾次？」我馬上跟他道歉，或許是潛意識跟自己個性很像，我將他當成好朋友，畢竟很多事情要透過他的協助，好比我會說：「〇〇信念，請幫我設定，感謝。」我會再問：「設定好了嗎？」很自然會感受到內心的信念產生變化，如同錨定在潛意識裡。

各種文字和語句，能自己測其中的能量，來尋找適合自己的信念：

1. 先讓自己深呼吸靜下心，閉上眼睛，完全放空，如同冥想。
2. 將感受放在身體上，直到開始產生恍惚的感覺，如同有意識的恍惚狀態下。
3. 詢問潛意識：「請問潛意識『是』代表左手，還是右手呢？並產生任何反應。」
4. 再詢問潛意識：「代表『否』的手產生任何反應。」

我剛開始是透過身體會左右前後晃動來確定詢問的結果，但隨時要讓自己停下來，後來我換成其他部位的方式，好比讓手部抬起、抖動、發麻，並透過持續的練習，加強與潛意識溝通，雖然也能用直覺的方式溝通，但相對要靜下心，才能分辨是來自哪裡的想法。

從與人的對話中，很容易感受到負面文字的力量，好比命令詞語會有種被逼迫的感受，有時會產生反抗或是憤怒的想法，但礙於對方的身分，或是為了生活，再苦也要忍耐，直到無法承受的那天。

我有時下班後會跟家人朋友抱怨在工作上的事件，直到宣洩後，才能放下心中的情緒，我常思考為何要對自己和身邊的人發脾氣呢？

後來我開始把許多事情自行解決，學會與自己的達成和解，面對當下並提升自己，透過自我對話，安撫好內在人格，學會表達和傾聽，來提升心境。

過去我無法理解自己的個性，直到我從身旁的人對我說我很善良，我才明白能從對方的身上認識自己，而靈魂來物質世界生活，也是在學習認識自己。

第四章　探索

如果走在幸福的旅程上，有準備好接受新的考驗嗎？
如果還在尋找要完成哪些功課，有了解自己的初衷是什麼嗎？

如果過去的自己，是在理解自己，那未來的自己會是什麼呢？
會是探索靈魂想完成的目標嗎？還是探索自己想完成的目標呢？

也許從接下來的旅程，會更深入探索自己最深的內在？
或者是更理解自己要走的道路，是為自己？還是他人？

18 三個願望

如果能許三個願望，會想許下什麼內容呢？這些內容是跟什麼有關呢？如果這是一場考驗，覺得什麼樣的內容，能對現在或未來的自己有幫助呢？

當守護神來到身邊時，我開始接受真正的考驗，如果前面是隨堂考，這考驗便是期中考，而我的考卷中，有一題是如果有三個願望，會許下什麼呢？

我想了很久，也持續詢問守護神，才知道跟過往和未來的旅途有關，最後我說：「帶上我過往的人生經歷、與親朋好友互相學習的過程、學習更多身心靈相關的旅程。」在過程中，我很擔心寫下的內容，總覺得寫錯會有懲罰，也會擔心自己延畢或重考，但實際上從生活學習到的內容，無正確解答，只有最適合自己的答案。

曾聽朋友描述過，某位朋友幫人算未來很準，某天卻遺忘了相關的記憶和能力，這件事情讓我對考驗非常謹慎。所以考試期間，每天很緊張，但也過得很開心和充實，好比有關生活基本能力的測驗，後來我感覺到我的考卷好像特別難，為何聽到其他人是睡一覺便醒來？

從我的願望中，我感受到要接納過去的自己和感謝遇到的人，並朝著想學習的目標前進，然後腦中浮現出要我準備包包和箱子，將相關的物品放進去，來證明自己有決心開始新的旅程，過程中要傾聽守護神的指導，才能順利通過期中考。

在過程中，我每天早上六點會自動起床，開始整理環境，從房間、浴室和廚房清潔打掃完後，我感受到是在教導環境跟內心一樣，在乾淨的環境下，內心才能很清靜。

原本跟守護神聊天時，會有很多習慣的用語，在長時間的訓練下，開始理解到，在靈界使用某些用語會有種強迫感或是針對性，如帶有命令式抉擇方面的問句，好比「要這樣做嗎？這樣做對嗎？」而這些用詞在生活中，也很容易讓人產生同樣的感受。能調整成「請問是這樣做嗎？有更好的方式嗎？」長期下來會漸漸習慣類似的溝通模式，也能應用在生活中。

在生活中，有時候會說「不要去做某件事」，但內心會越想去做，當看到用在警告用語時，像是在說歡迎來挑戰，但人的理智會控制住自己。也許能從小朋友的行為模式中，理解到為何越是禁止，還是會重複相同的行為，也會刺激照顧者的情緒。或許將安撫小朋友的行為模式，套用在內在小孩上，便能讓自己的內在小孩長大。

我會感受到「不」「沒」這些字，潛意識會自動忽略，反而「無」卻是存在且有力量，像是有時說「沒有」的時候，對方卻還是會懷疑「有」，相對也能理解許願時，自己是許下哪種願望呢？或是拜月老時，符合自己要的類型會怎麼求呢？

在考驗中，我有時會跟潛意識說「相信是最適合的安排」，好比自己難以定義「一切」、「最好」和「完美」，「一切」是指全部嗎？「最好」是要多好呢？「完美」存在嗎？如同要更有力量的信念，內心才會堅定的相信，好比相由心生，外在的行為來自內心的信念，而同質相吸，會吸引到適合自己的功課，猶如內心想理解自己的願望。

19 期中考

從期中考中，我感覺像是在考驗我對生命的態度，以及自己的決心。好比如果身邊曾傷害過我的人，會選擇原諒嗎？還是要等他們改過自新時，才會選擇原諒？或是永遠無法原諒呢？這好比會同意傷害過我的人，能再次進到我的生活嗎？自己會用什麼態度面對他們呢？或是遇到任何人時，會用什麼心情來面對呢？

之後，將這個考題延伸到全世界，讓我體驗到毀滅前，會用什麼態度來看待生命，也讓我理解到要用同樣的方式過生活。在過程中，許多過往的回憶持續湧現，我才理解原來過往的旅程，是在提醒我要面對的功課，像是遊戲通關後，會播放精彩畫面，有點類似人生的跑馬燈。當我明白時，我開始痛哭流涕，如同將感動的情緒，瞬間全部爆發，這段回憶很有趣，猶如毀滅後重生的感覺。

在寫考卷時，我很常詢問進度在百分之幾，而且會感受到有種壓迫感，事後我才知道身旁有三位考官。當第二關通過後，便來到第三關問答題，要回答從生活中學習到的各種常識或知識，好比從過往的旅程學到什麼，算是很有趣的小遊戲，感覺通關後會有驚喜。

最後完成時，在我打開房門的瞬間，持續有風灌入我的房間，但窗戶明明是緊閉的狀態，我才感受到很多靈界的朋友，圍繞在我身邊鼓掌，像是在恭喜我通過第二關測驗。經歷過這個測驗後，跟以往對生命的態度，產生很大的落差，讓我明白靈界家人會陪伴大家到最後一刻。

在考問答題時，我回答了很多題目，好比跟生活，還有靈性相關的問題，例如有哪些情緒、身體方面、運動和電影之類。有時有遺漏的答案時，我會問說：「能給個提示嗎？」然後用全身的感官來接收相關的內容，從中推測出答案。

印象最深的事，考電影題時，讓我體驗到電影中的場景，好比拿著輪盤往頭上舉起，從上方出現強烈的白光，或是讓我推開門走進一間白色的房間，我看到一位有著強烈白光的身影，下意識知道是誰，當下我詢問一些問題後，便要我進到白色蛋形的太空艙裡面，然後闔上艙門後開始倒數，我感受到全身晃動後，出發往太空中旅行。有些回答完後，會開始播放動畫和音樂，彷彿置身在影片中的劇情，但美好的虛幻後，要回到當下的生活，持續往這個目標前進。

當回答完很多題後，要我在一份合約上簽名，當下我想到電影裡要拒絕簽名，但詢問守護神時卻說能簽名，而在我簽完名後，我感受到身邊變安靜了，感覺像是失敗，但想到時間在靈性世界存在嗎？我便說：「將時間倒回到簽名前，並拒絕簽名。」結果便通過了，後續對這段劇情感到印象深刻，也很怕自己重考，所以後續期間小心翼翼的完成每道考驗。

考完後，將近一個多月的時間，我開始學習有關靈性世界的知識，包含調整自己的詢問方式和提升內在心性的部分，也要按時繳交功課，好比從生活中的議題，來理解自己和各種角度的想法，從中更理解自己，隨著順其自然的生活，讓自己維持身心靈的平衡。

有時會默默協助身邊的人，過多介入對方的功課，好比把對方的功課拿來寫，也會讓對方受限更多的成長空間，過度的干涉，也會受到懲罰，因此要學會適可而止。

20 與祂的約定

在期中考後，在跨年順路拜拜的那天，我在宮廟等待時，大家身邊的守護神會來尋求協助，守護神讓我學習如何回應對方，以及學習召喚大天使，療癒周圍的人，例如：

在內心說：「我召喚大天使麥可和大天使拉斐爾的臨在」，等待感受到祂們到來後，

在內心說：「親愛的大天使麥可和大天使拉斐爾，請讓這個空間的人，充滿光，感謝。」

最後再說：「感謝大天使麥可和大天使拉斐爾的觀照、守護、協助。」

當我做完這樣的動作時，我感受到有股沉重的能量被轉化成輕盈的感覺，好比負面能量轉化成正能量，同時宮廟的主神，很開心的跟我說「謝謝」。有時我會懷疑接收到的訊息，會是自己內在聲音或想像，經過詢問守護神後便能確定，像在學習要相信自己的直覺。

有時到了某些地方，我會感到頭悶悶重重的感覺，像是這空間的負能量太多或是能量較沉重，當我召喚大天使後，瞬間感到變得很輕盈。也能請大天使在螢幕和作品上充滿光，來轉化觀看者接收到的能量，好比有次看展覽時，感受到作品上充滿哀傷和各種負能量，在轉化後，依然會感受到沉重的壓迫感，後來把整個空間和作品轉化後，稍微降低了沉重的感覺，或許作品上，會依附任何接觸者的想法，讓氣氛呈現類似的感受，好比會自然說出有股淡淡地哀傷，或心感到很沉重。

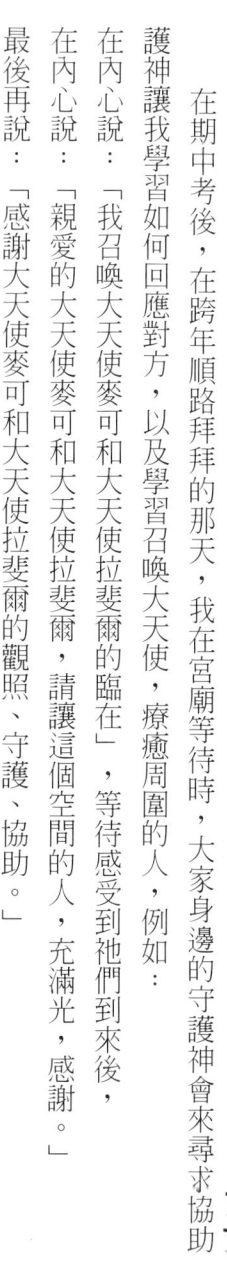

有次看回文時，感受到作者想證明自己能測對方能量指數的情緒，而當我回應後，感受到有個黑色的臉龐，在衝撞我的能量場，我透過大天使療癒和溝通無效後，才了解自身的防護罩在關閉的狀態。我想了一陣子後，才發現到最適合自己的防護罩，也代表自己的心境在哪種狀態，後來對方回應說「測過全部回應的人，頻率比我低。」這代表發生了什麼事呢？

我感覺自己的感受比以往更加清晰，能從文字、圖片、礦石或音樂，感受到附著的負面情緒，好比網路上開眼的音樂，充滿欲望和幻想，聽久了頭會很脹，事後才知道收聽的人，將開眼後的欲望和幻想也置入音樂中，這些意圖會卡在眉心輪，讓自己產生過多的幻象。

因此要時常讓自己保持空性，有點像是剛睡醒無壓力的狀態，並維持在中立和客觀的想法，過多的批評和比較，會讓自己失去平衡，或是吸引相同情緒的人事物。

當整天累積很多情緒後，我睡前會請大天使來轉化內在負面能量，來將這些接收到的負面情緒轉成養分。好比過去我對社群上的負面詞語感到畏懼，但有次跟朋友聊天時，我想到這些充滿負面的回應後，便很自然地嘆了一口氣，像是我會自己轉化成養分，讓自己更有動力完成想要做的事，或許跟內心擁有包容和愛有關，才能勇敢面對外在的情緒。

在生活中，我開始向守護神學習回覆對方的方式，好比哪種回覆能讓對方感到舒服，當習慣成自然後，也會開始影響平時聊天的方式。這好比身邊有位靈性導師，在面對學習的部分，時常能請教與學習，順其自然的活在當下，並從生活尋找答案，設立好當下的目標，持續在旅程上學習與前進，來精進自己的能力。

21 迎接新的一年

當指導靈來時，我發揮創意的想法，讓我感覺自己進入遊戲世界，能打開遊戲界面，觀看個人的角色數值和能力，然後預設有個自己創造的內在花園，我好奇的開啟後，拿到一顆生命種子，並種這個花園裡，每天供給需要的能量來灌溉，後來從任務獎勵獲得的各種特質的種子，再種在這個花園裡，透過開花結果再種入花園，感覺自己加快成長。

我有時會詢問潛意識，當天或這段時間會跟哪個脈輪議題有關，從後續的生活，會感受到跟那方面有關的事件，透過學習到的部分，來平衡與加強各個脈輪。

從任務欄裡能知道近期會接觸的任務，但我後來喜歡順其自然的生活，知道後會有種失去樂趣的感覺。每當解完任務時，能開啟獲得的禮物，有些禮物是自己創造，有些則是靈界家人給我的禮物，能讓生活像在玩遊戲，感到更加有趣。

在各個階段，會有自我學習的功課，好比有陣子我會替自己貼上標籤，但後來才知道是自我的幻想，也會讓自己的負面情緒長大，當撕掉標籤，會有種瞬間放空，忘記自己為而活。我開始回想身為人的目標，並結合靈魂要完成的目標，最終讓身心靈在同一條路上，好比將分叉的路，集中在同條路，知道大致上的未來路線後，再交給守護神規劃，自己則是安心地走在這條路上，遇到什麼功課和考卷，勇敢去學習就對了！

有時會感受到小我熱情的吶喊，好比財富有關的議題，或是我默默幫助對方時，會問我為何要多管閒事，而我會溫暖抱著他，跟他說「放心吧！」或「幫助對方，自己也能從中學習呀！」相對要時常從各種內在想法學習分辨是誰的聲音，好比思考這樣的想法來自哪裡？

有次課堂上，提到跟矛盾有關的療癒方式，我便開始思索財富的議題，想找出比豐盛更有力量的詞語，當有新的詞語時，會詢問潛意識適合嗎？最後我想到富足時，將詞語錨定在潛意識裡，小我的聲音便減弱許多，後來思考到豐足，感覺到更有力量。

在課堂練習時，我在思考當找回遺忘的拼圖後，之後我要為何而活呢？我將這個問題放入前方想像的玻璃罐內，經旋轉爆開後，出現白色帶有黃斑的蛋。開始讓蛋飛往宇宙滋養灌溉時，形成無限符號的圖形，好比在看場動畫，好奇接下來會出現什麼驚喜。

最後回到前方，變成金色粉斑的蛋，打開後裡面有紫斑的蛋，當蛋裂開後，出現一隻小鷹，給予能量後，開始變成各種動物，像代表各種情緒，最後變成金色的蛋。當再次裂開後，看到很耀眼的光，逐漸形成光環，最終看見許多人的頭上戴著光環，猶如讓自己成為天使後，也讓身邊的人成為天使，讓這個世界如同天使王國般，充滿溫暖與愛的世界。

這些畫面好比我從剛開始，漸進式開啟靈性能力，學催眠加強與潛意識溝通，同時學會如何療癒自己和對方，期間我來回上課的距離和練習的時間，也在訓練自己的毅力和耐心。後續學靈氣來讓自己和對方能更有力量面對內在恐懼，也能透過溝通交流彼此的經歷，來幫助身邊的人，從中自己也會跟著學習成長，並時常給自己訂下新的目標。

22 新的旅程

在踏入靈性世界後，我才理解到啟動靈性能力的方式有很多種，有些透過冥想或點化來讓腦波更加穩定，選擇自己喜歡的過程，會有各自的感觸，但重要的是要保護好自己，時常要理解自己的想法，從過程中更理解自己，並有勇氣面對身邊的親朋好友。

在被點化後，我感受到自己能更加穩定看到畫面，但從過往的經歷中，會執著在畫面和開眼，而靈性世界的畫面，會幻化成內心所想的東西，猶如相由心生。

後來我選擇先訓練直覺和用心去感受，來判斷收到的訊息，並透過閱讀和傾聽身邊的想法，從中分析來理解自己，找到心中的標準，也許能與自己對話才是最需要的部分。後來我感受到自己的覺察和內觸覺，會迅速提升，而內視覺最後才跟上腳步。

從點化中理解到，點化像大樹一樣，被點化的人，像樹上的樹葉，當內在有負面的行為時，也會影響這棵樹的健康，或許能學習落地生根的精神，找到自己的生長方式，來讓自己茁壯長成新的大樹，心中也會感到更加踏實。

後來有朋友問我為何要學習靈性？我說：「每世有要學習的功課，將功課留給下輩子的自己，那會是現在的意識，還是另個意識呢？但這些意識是自己的一部分，而這個世界有這麼多的學習資源，為何要選擇延後的路呢？」

第五章　深入

從生活中，感受到的循環事件，為何會時常發生呢？

從這些事件中學習到什麼呢？理解到什麼呢？如何才能找到出口？

觀察身邊的人事物，從某句話、某件事或某樣物品，會獲得什麼啟發呢？

從遇到的事件或做過什麼夢，哪些會感到印象深刻呢？

人是本靈的一部分，也是源頭的一部分，物質世界是靈界的一部分，自己為何而來呢？

從這趟旅程中，哪些尚未完成？哪些還想深入探索呢？

也許這段新的旅程才正要啟程。

23 業與起心動念

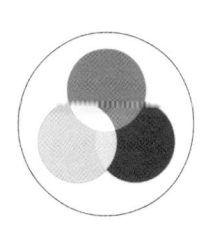

所謂「萬般帶不走，唯有業隨身」。業是重複循環的事件，要學習的功課內容，也是在理解完整的自己，與自己達成和解。

從我過往的經驗，在某些情況下會發脾氣、抱怨或執著在同件事情上，有時也會瞬間爆發負面的情緒，完全失去理智，像小朋友有時會變成半獸人，但平靜後，會淡忘或掩飾自己的行為，這些跟業息息相關，從自己身上能感受到哪些類似的狀況呢？

生活中，重複發生類似的事件，直到有天我理解來源與改變後，當再次在同樣的條件下發生時，會感受到改善後的狀況。有時會浮現過往的記憶，告知我要防止重蹈覆轍，思考該用哪種方式去面對當下的狀況，再發生同樣的事件時，便能很快跳脫自己的情緒或信念。

剛學催眠透過朋友來練習時，朋友跟感情有關的議題，想得到對方的原諒，而透過通訊軟體道歉後，對方的冷處理，讓他時常陷入懊悔自責的想法，那次我頭皮整個發麻，像是在提醒我，如果處理了，也許會牽涉他的業。事後我跟他說：「對方既然有看到訊息，未來如果相遇再當面道歉。」後續調整內心的狀態，而對方心情也改善許多。

如果要療癒對方和自己，能多學療癒的技巧，以當下的情境來選擇合適的療癒方式，好比有時我會用卡牌催眠或靈氣的方式，來協助對方自我療癒或給予靈魂力量。

許多自我療癒的方法能自由調整，而這方法類似催眠和冥想，能自行面對內在人格或魄，並探索還需要滿足什麼條件，才能與自己達成和解，從中判斷是來自哪裡的想法，或找出要學習加強的特質，讓自己有勇氣面對自己的內心：

1.在安靜和淨化過的空間，播放能讓心靜下來的音樂，深呼吸靜下心，如同冥想。
2.感受從高處往低處移動，並由大的數字開始倒數，邊倒數邊移動，也讓緊繃的部位放鬆。
3.在最低處的地方，會看到自己喜歡能代表出口的樣貌，如一道門或光。
4.當來到出口前，請潛意識邀請情緒或匱乏的信念來到面前，然後離開出口，如轉開門把。
5.放輕鬆打開所有感官，用心和直覺去感受。
6.在內心詢問對方有什麼話要跟我說呢？或是感受對方想要什麼？
7.與他溝通，理解後讓對方滿足並放下，與自己達成協議，感謝對方並給予擁抱。
（如果無法面對時，便要尋找自己還需要加強哪方面的特質。）
8.讓自己回到當下，慢慢清醒。

有次催眠時，對方的內在人格，跟這世的記憶無關，而且當他去感受後，充滿憤怒和悲傷的情緒，在無法溝通的情況下，我便要他把這件事情先放著，等之後再來處理。

從中我感受到這個情緒來自要學習的功課，如同魄。有時能讓對方先理解來源並自行尋找方式，過度的干涉，像是在幫對方寫功課，也會限縮對方的成長。

後來我透過靈氣遠距療癒，我感受到很強烈清理的能量，而對方說正在通話時出現雜訊，也有感受到能量，隔一陣子再次聊天時，對方說在工作上感受到自己有力量完成任務。

原本我對未來感到迷惘，後來時常用靈氣療癒自己後，恐慌的感覺漸漸消失，像是讓自己的心輪，充滿愛的能量，愛能撫平創傷、填補匱乏感和加強正向信念，之後出現負面情緒時，也能迅速理解與放下。

從觀察我和朋友走過低潮的經歷，我感覺到陷入低潮時，只有自己能走出，而內心最愛的人，給予的話語有很大的力量，旁人的鼓勵，像浮木般載浮載沉。有時在社群看到想要結束生命的人，我會適時的回應讓對方去思考，例如：「從這件事情中有理解到什麼嗎？」「覺得自己還有哪些需要學習呢？」再默默地搭配天使靈氣遠距療癒，並詢問天使要怎麼協助對方，偶爾觀察對方的動態，來理解目前的狀態。

有時對方發出求救訊號後，身邊的朋友會帶他去散心，之後，類似的文章便會消失。從中會感受到守護神在聯絡相關的朋友，讓對方朋友的潛意識產生關注那位朋友的近況。好比有時我想到某位失聯的朋友，隔一陣子便會有過去與他有接觸的朋友來找我聊天。

從生活中能感受到有大有小的循環事件，大事件的循環像是整個社會，好比歷史事件，小事件的循環像是個人、魄和家族，如果無法理解，也許會變成來世要學習的功課，所以從生活中，要覺察自己身邊類似循環的事件，便能找到觸發的原因，是什麼類型的功課。

這部分跟起心動念所造成善的循環或惡性循環有關，要時常思考自己做了哪些行為後，會產生什麼後果，而某些事情要透過理性的溝通與協調後，讓雙方或社會大眾多數能接受，才能安然放下心中的石頭，終止舊業的循環和新業的誕生。

當我理解大致的起心動念和能量平衡後，回想如果「做善事是為了得到回報呢？」這動機代表的涵義，我感覺像是為了得到回饋而做善事，好比是帶有欲望的意圖。

後來我讓自己用平常心來面對生活，幫助對方同時自己也是在學習，如果有要索取報酬，能雙方討論與協議好後再執行，好比生活中以金錢交易，事後議價很容易引起爭執，換個方式思考，如果靈性服務後報酬無法平衡，會發生什麼事？是拿等同金錢的能量嗎？

如果結帳的金額有落差時，如同交易破裂，後續透過補償的行為，來平衡雙方的情緒，而能量也是如此，才能讓能量維持平衡狀態。因此物質世界的行為，也會影響到靈界自己的本靈，如果本靈無法償還，那要透過哪裡來還呢？是來世？還是現世？

相對如果透過法術傷害對方的行為，造成能量破損要拿哪裡的能量來填補呢？所以使用任何工具時，要理解自己的起心動念，懂得保護好自己，才能終止業的循環與誕生。

「個人與內在人格」

所謂「個人造業個人擔」。

在我尋找遺忘的拼圖前，常聽到許多有關佛教的經典名句，有時會半信半疑，但做正面行為時，內心會感到很舒暢，做會傷害到自己和身邊人的事，反而會提心吊膽，深怕有天會曝光，這像是心中有一把尺，時常再提醒自己，而這個來源，我感覺來自潛意識。

潛意識是本靈的一部分，從生活大小事和身體的運作，也是潛意識的一部分，而表意識是高我的一部分，在高我規劃下，各種旅程有相對的規劃，所以走哪條路，會有各自的安排，但如果能意識到要學習的功課，好比眼前分岔的路會漸漸消失，變成一條筆直的路，依然會有碎石和各種障礙，有些是要安撫內在人格，有些是要加強內在的特質，才能越過。

我感覺內在人格，像是未長大的小孩，如同內在小孩，從小到出社會遭遇的事件，有時會受到事件產生的創傷，或是受到外在信念的影響，而把自己的主人格，分成好幾位內在人格，這也代表為何遇到某些事情時，常會冒出很多害怕擔憂的想法、信念或匱乏感。

剛開始我以為匱乏或信念是小我的想法，直到我將全部內在人格溝通和給予有力量的詞語，並回歸主人格後，內在想法只剩下小我和主人格，偶爾會是神佛的想法，從語氣和語速能感受到落差，將人格完全整合與理解後，才能言行一致，找回主人格的自主意識。

小時候很怕看到阿飄，受到驚嚇產生的人格，好比同頻共振，讓我容易受到靈擾。從社會新聞得知中大獎後，會容易造成家庭失和，產生「錢太多很危險」信念的人格。

在學校擔當小組組長的事件中，所造成的愧疚感，產生害怕成為焦點、缺乏勇氣和自信的人格，還有害怕受到傷害而產生冷酷的人格。

出社會後，來自家庭無法放下和擔憂未來工作信念的人格。對未來無目標，產生放棄自我的人格，還有害怕違反靈性規則的人格。

從我的內在人格中，有來自小時候、家庭和社會的創傷、信念或匱乏，好比小孩一樣，需要給予鼓勵和關愛，並加強個人缺乏的特質和正向的信念，在內在人格長大後，才有能力面對類似的事件，從中我也感受到跟小我有類似的想法，很容易混淆。

在我給予滿足與放下內在人格後，全數回歸主人格時，我看到我的生魂，由小天使長大成青年天使樣貌。但在我給予「豐盛」到「富足」的詞語後，依然會感受到金錢的匱乏，直到我感受到「豐足」更有力量時，在給予後，這類匱乏感便消失了。

當我理解全部的內在人格後，我才明白生活中很多遇到的議題，是內在人格的呈現。在我踏入學習療癒後，靈擾的狀況才漸漸改善，直到我將內在人格回歸主人格後，才終止靈擾的現象。當我回想過往的經歷，我才明白這趟旅程，是在理解更完整的自己，持續探索自己更深層的內在，解除過往限制性的信念，並激發自己的靈魂天賦。

「過去與想學習的業」

所謂「若知前世因，今生受者是。欲知來世果，今生做者是」。

從我的經歷中，能知道要學會的功課是放下怨恨和悲傷，跟本靈聊過後，才得知跟想學習的功課有關，好比從地球需要幫助的魄中，或是從過去造成的新業，理解要學習的功課，而靈界很輕盈，業很沉重，透過業才能來地球玩，為何要把業看成很恐怖呢？

從自己和身邊朋友的經歷，魄有動物、精靈或人的形態，好比在六道輪迴中，人來自於天道，協助三惡道的魄，回到三善道，代表任何人是天使，也是神的一部分。相對理解完整自己的同時，也是在協助地球上的靈體轉化，一起回到高我和本靈中。

從個人的感覺，執念像是地獄，當找到出口時，便會放下，好比有些人離世後，覺魂（主人格和內在人格）會待在地球直到理解與放下後，才會回到高我。

在我思考前世和來世時，回想到靈氣課程要大家唸防止干涉宣稱宣言的用意，也許跟常聽到對方對某些難以理解的感受、時常批判在某方面或想對這方面深度學習的議題，好比性別、性向、夫妻或子女教養照顧方面。或是常聽到對方說下輩子想當某種動物，如同與自己達成協議，而口頭上的約定，也會牽動來世的緣份。

我會把這些視為想學習的一部分，也許從任何深刻的體驗中，能學習如何成長，再來世也會有更多的感受，刻印在靈魂層面，好比讓自己更有同理或包容心。

「家族與長輩的想法」

固有想法「成家立業」。

有次與朋友互相用天使靈氣療癒父系關係時，我跟他說天使回答：「會擔憂家庭和事業方面」，後來他跟我說：「結束後，走出房門就聽到母親說『要有穩定的工作』。」而我的家庭也有類似的情形。有時在社群上會看到有些對方的父母要幫他介紹對象，而我的父母也常有相同的想法，但深入理解後，會了解到是希望子女未來有人能陪伴在身邊，並能夠自食其力，當讓父母能放心時，便能夠讓他們能夠放下擔憂。

從朋友間的功課，再延伸到其他朋友和家人，會感受到也有類似要互相學習的地方，像失去雙親、單親或雙親家庭的生活，會有各自要面對的功課，所以要有同理心，來面對相遇的人，也要珍惜這世的相遇，能互相學習到對方如何面對各自的生活。

從人生經歷，會感受在家庭議題是需要時間來面對，也許從小便與家人生活，常時間的相處，有時會造成彼此間有爭執或衝突，但親人間的血緣與緣份，在經歷社會的歷練後，那份歸屬感，依然刻印在心中，好比出社會相遇到的朋友或同事，也會有離別的一天。

家是最溫暖的避風港，珍惜當下相處的時光，家人間要互相學習透過溝通來達成和解，並解開彼此的心結，尋找解決重複發生在家族類似的議題，才能讓家族的共業，找到出口。

「社會與傳統的文化」

固有想法「重男輕女」。

從個人、過去和家族，有許多相似的功課要學習，相對社會與傳統上的想法，深植在潛意識中，好比人類的集體潛意識。與本靈聊過後，我才知道前幾世有體驗過各種性別和性向，這讓我意識到要尊重對方，體諒性別或性向上的差異，也是共同要學習的功課。

剛開始我很好奇人來自哪裡？當我知道人來自於靈界後，那代表所有的人是靈界家人，在任何地方相遇是互相學習和成長，相對守護神、守護靈和指導靈也是靈界家人，好比本靈會分出一部分，來當其他人的守護靈或指導靈，或是任何生物，所以要學會感恩。

有時會為了想證明自己，而與對方互相比較，好比是替自己貼上標籤，但「人外有人，天外有天」，過多的標籤，會限制自己的成長，或為了鞏固自己的身分，而傷害身邊的人，如同內心的狀態，也會反映在身邊的人，那為何要替自己貼上標籤呢？

我時常問自己，為何會有既定的想法？是來自傳統或社會的想法嗎？

或許靈魂選擇出生在哪個地方，能學習當地的文化，並透過各種觀點，來為傳統或社會的想法找到循環的出口。好比在忙碌的社會裡，內心會想讓生活過得隨心所欲，但由於過多的限制，把自己困在永無止境的循環裡，因此要時常往內探索理解自己並找到出口，才能讓人生能夠圓滿。

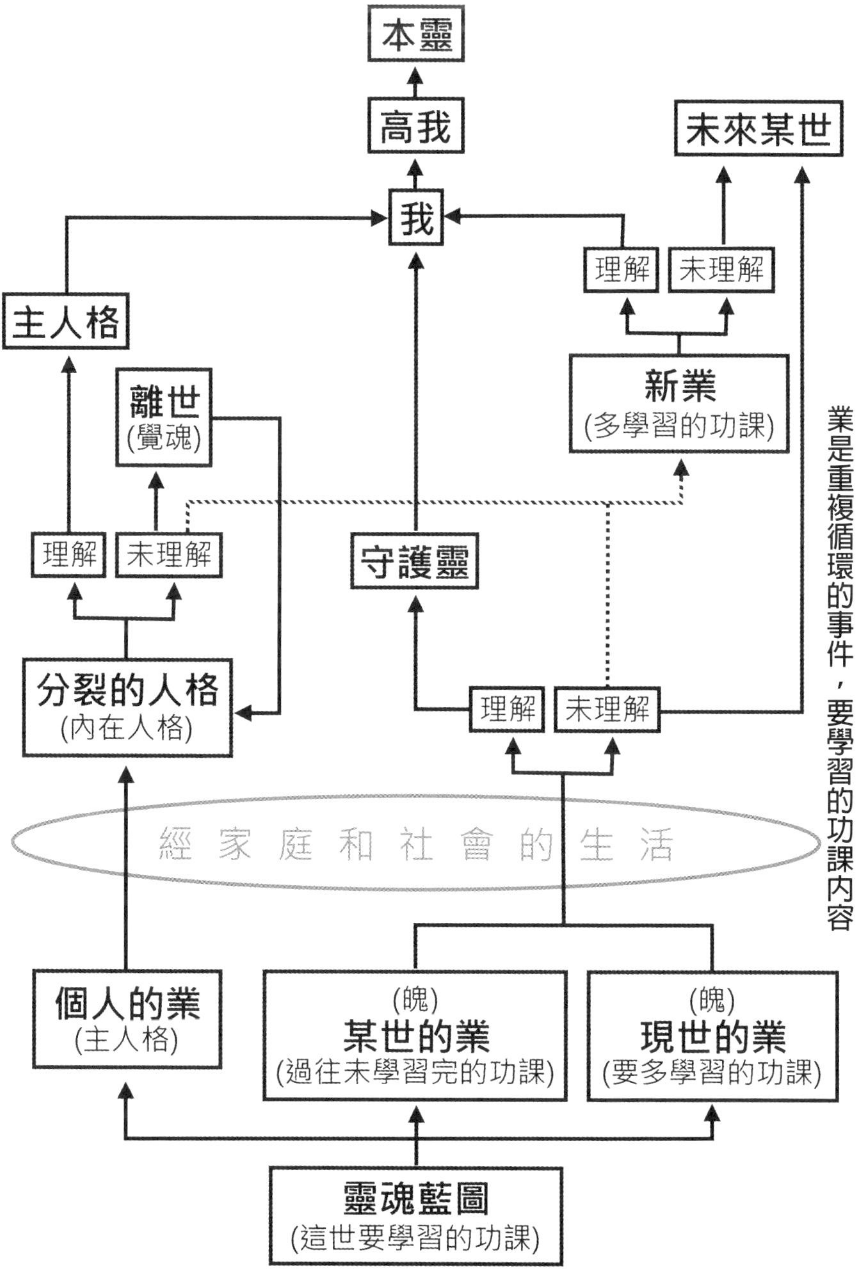
本靈
高我
未來某世
我
理解
未理解
主人格
新業
(多學習的功課)
離世
(覺魂)
業是重複循環的事件，要學習的功課內容
理解
未理解
守護靈
分裂的人格
(內在人格)
理解
未理解
經家庭和社會的生活
個人的業
(主人格)
(魄)
某世的業
(過往未學習完的功課)
(魄)
現世的業
(要多學習的功課)
靈魂藍圖
(這世要學習的功課)

靈魂藍圖與業的關係

「練習」

從七情來探索自己重複循環的功課，能寫下相關的行為：

喜（眼）：幸災樂禍的想法？（例：在意別人的外貌）

怒（耳）：因某些狀況持續發生而引發的憤怒？（例：吵雜會很煩躁）

哀（鼻）：對失去親朋好友或相關事件引發的悲傷？（例：容易感傷）

懼（舌）：對人際、事業、財富或生命相關的匱乏感？（例：害怕溝通）

愛（身）：無法放下親情、愛情或友情的執著？（例：控制欲）

惡（心肺肝）：會傷害或捉弄他人的想法？（例：調皮）

欲（腸胃）：難以滿足對事物的渴望？（例：物欲、食欲）

從「事業」「親情」「財富」「愛情」「友情」中，來探索自己重複循環的功課：

1. 哪方面是最想學習並完成的功課？（例：與家人間的爭執）
2. 如何才能讓這項功課感到完成？（例：透過溝通來達成和諧）
3. 會先選擇放下再滿足，還是滿足再放下呢？（例：原諒並放下彼此間的爭端）
4. 從這項功課，內在與外在方面學習到什麼？（例：內在要勇敢面對，外在要付諸行動）
5. 除了以上功課外，還有想學習的功課嗎？（例：養育兒女）
6. 如何才能將學習的功課，寫出理想的內容？（例：多陪伴父母兒女）
7. 對於所學習的功課，滿分一百給自己打幾分，如何才能往滿分前進？（例：家人彼此信任）

從八苦中，來探索自己重複循環的信念或創傷，能寫下相關的行為與想法：

生：為生活煩惱的恐懼？（例：擔心明天）

老：害怕年老的恐懼？（例：擔心孤單寂寞）

病：害怕疾病的恐懼？（例：擔心連累身邊的人）

死：害怕死亡的恐懼？（例：擔心死後的世界）

愛別離：與親情、愛情、友情有關？（例：難以放下親人）

怨憎會：對人事物容易憤怒、怨恨？（例：難以順著自己內心想法）

求不得：對財富、感情、事業、物質的欲望？（例：想要買很多東西）

五蘊熾盛：想改善的個性？（例：自信、勇氣、誠實、毅力、包容、信任、耐心、安全感）

從寫下重複循環的信念或創傷，來探索自己內在人格：

1. 哪方面會時常在思考或擔心？（例：難以放下親人）
2. 為何時常在思考或擔心這方面？（例：父母常擔心子女生活）
3. 這些常循環的想法來自哪裡？（例：父母的想法）
4. 如何才能轉化循環的想法？（例：讓父母放心）
5. 會害怕轉化循環想法的原因是？（例：自己缺乏信心）
6. 當將循環的想法轉化後，覺得會發生什麼事？（例：父母減少擔憂子女的次數）
7. 目前還有哪些內在的聲音，他們在說什麼？（例：事業要有成就，才能完成）

24 畢業與圓滿的人生

如果地球像一所學校，從這所學校畢業的條件會是什麼呢？在短暫的人生裡，能學習到什麼呢？

所謂「色即是空，空即是色」。

經過持續解開自我限制的想法後，我感受到提升各種豐富的情緒和對看待事物的角度更廣大。有時能從小事件衍生出各種想法，透過各種角度來提出各種觀點。好比性騷擾的議題，這件事為何會產生漣漪呢？用更高的角度去思考後，也許同頻共振的關係，與埋在深層的記憶共鳴，透過社會給予的勇氣，來勇敢面對內在沉重的議題，從而放下過往的功課。

透過清理內在沉重的記憶，能將沉重的業逐漸轉化，也同時在提升社會整體的心性和能量，相對整體能量越是輕盈的狀態，便越容易看見自己的內在，如同增加顯化的速度。

從親人安詳的離去時，感受到學會放下各種擔憂和執著。在覺醒後，我很擔心身邊的親朋好友，擔憂他們會困在循環的功課中，直到深入理解後，我才明白靈魂有很多時間透過輪迴來找到出口，為何要擔心他人呢？能透過分享自己的經驗，間接幫助身邊的人，如果過度將自己的想法，強壓在對方身上，會感受到各種抵抗，自己也會很疲累。

覺醒後的前一個月，我感受到內在許多深層的想法，會持續湧現，感覺在清理埋藏深處的議題，好比長年累積的比較、欲望和批判的心態，或許是在清理脈輪的負面能量。

從中我理解到成長的環境和個性，會有各自的獨特性，互相學習對方擁有的特質，並透過自己的特質，再從其他領域學習到的內容，結合自己的能力，發展出屬於自己的道路，過多的比較、批判和羨慕的想法，會讓自己停滯學習的狀態。

在各個階段，我能感受到持續提升自己心性的重要性，剛接觸靈性課程時，我的初衷是尋找祂們，在關鍵時刻常會提醒或守護我。然而身邊的朋友，時常會詢問我為何要走上靈性的道路，如果我選擇退縮、先走另一條路或遺忘當時的初衷，也許會花更多的時間，困在循環的關卡中，好比無法解開心中的疑問，或許會在原地踏步。

在走上靈性的道路時，我忘記前幾年與自己的約定，只想尋找遺忘的拼圖和處理內在的匱乏感，也會好奇開悟後的感覺。當決定走上這條路時，我感受到太多難以置信的巧合，好比遇到誰、該去學什麼或相關議題的功課，有種感覺是精心安排好的劇本，但決定權在自己手上，如果照著理性的思維，抗拒去面對各種議題，也許還在尋找循環的出口。

有時過多的理性，好比只相信自己眼見為憑，而抗拒傾聽外來的聲音，會用反擊的方式，來拒絕改變自己，也會否定或批判自己。會害怕內心築起的高牆倒塌後，引發失去安全感的恐慌，或許能嘗試跳脫既定的思維，用包容和同理心，來看待任何與自己意見分歧的人事物，去強求改變對方會讓自己感到疲累，學會時常把重心放在自己身上。

過去我時常控制自己的悲傷，深怕被對方看到弱點，害怕遭受嘲笑或霸凌。對某些議題，也害怕去接觸，深怕受到傷害。我時常覺察到類似的事件重複發生，像是要我提起勇氣和自信，去面對遇到的關卡，來解開多年替自己上的枷鎖。

從先入為主的想法中，會感受到更多枷鎖，好比會想批判對方靈性的道路，也許對方深入後，能從中學習到新的看法，是自己無法感受到的部分。要讓對方走出屬於自己的路，多給予尊重和包容，來持續提升自己的心性，解開限制的信念，並讓自己的心能隨時平靜。

所謂的空性，我的感受是讓生活能夠順其自然，擁抱各種情緒和變動，並擁有包容和同理心，放下欲望、執著和名利。解開固有的想法，能隨時用各種角度看待任何事件，持續的學習與探索自己，讓自己能持續的成長，並用平常心來面對生活。

靈魂的功課也許跟事業、親情、財富、愛情或友情有關，我從守護靈和魄中找到共通點，好比跟人有關的議題，這需要自己去探索和尋找，從中學習理解後，給予滿足與放下的功課。當找到後，能深入去思考要用什麼方式，讓人生這部戲劇，劃下最適合的句點，並把自己過往想學習或體驗的部分，走出屬於自己的路，讓人生感到圓滿。

從地球上要如何提早畢業呢？人生旅途是在理解自己，要用一生來理解自己呢？還是提早找到靈魂想完成的功課，來與守護神共同完成呢？心中那塊石頭遲早要放下，提早還是延遲在於自己的選擇，相對也會與過去的自己分道揚鑣，未來決定在當下的自己。

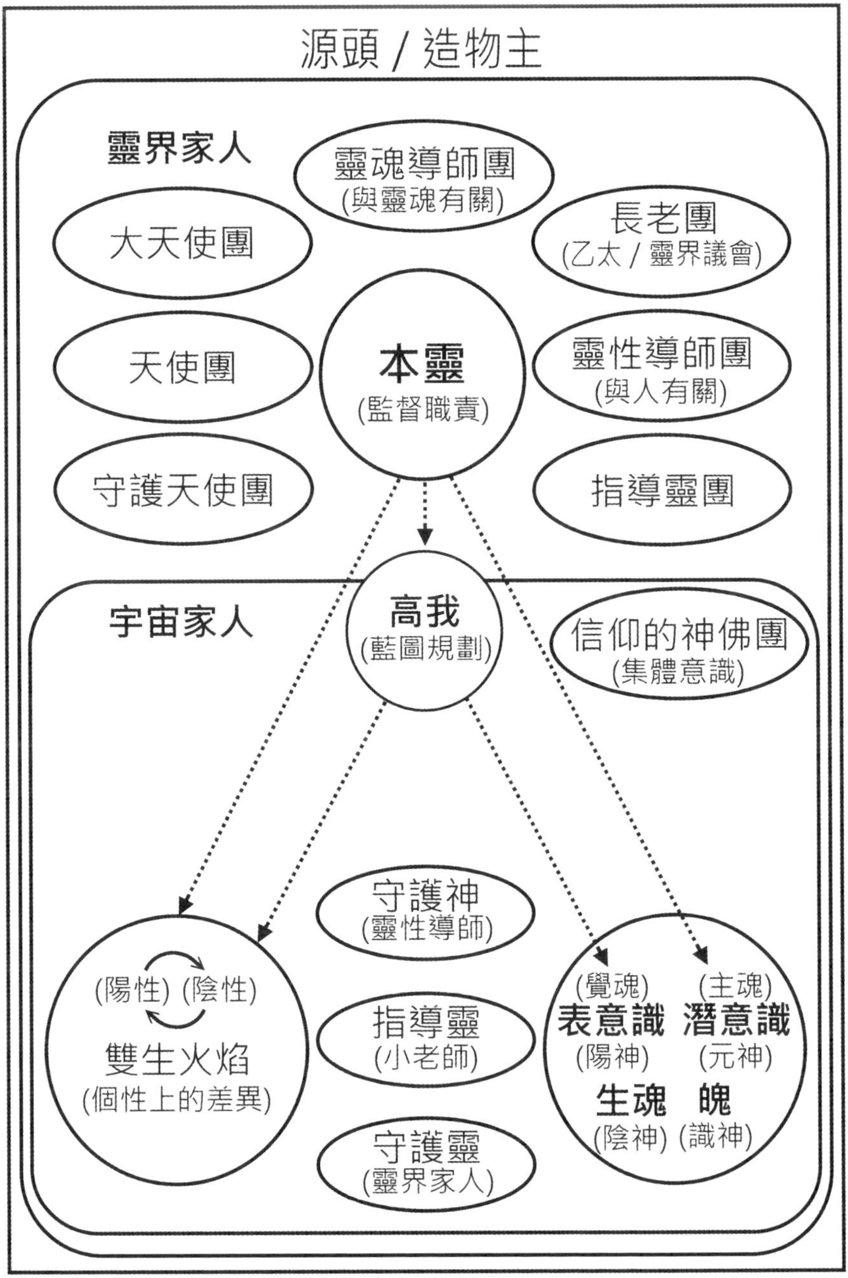
源頭 / 造物主
靈界家人
靈魂導師團
(與靈魂有關)
大天使團
長老團
(乙太 / 靈界議會)
天使團
本靈
(監督職責)
靈性導師團
(與人有關)
守護天使團
指導靈團
宇宙家人
高我
(藍圖規劃)
信仰的神佛團
(集體意識)
守護神
(靈性導師)
(陽性) (陰性)
雙生火焰
(個性上的差異)
指導靈
(小老師)
(覺魂) 表意識 (陽神)
(主魂) 潛意識 (元神)
生魂 (陰神)
魄 (識神)
守護靈
(靈界家人)

靈魂與靈界

25 新世界

《道德經》：「道生一，一生二，二生三，三生萬物。萬物負陰而抱陽，沖氣以為和。」

從我經歷理解到人生是在尋找完整的自己，好比自己來自哪哩？自己能激發出什麼潛能？靈魂由陽性和陰性能量來維持平衡，因此會選擇來世想平衡哪方面的能量，好比靈魂透過性別轉換，來呈現自己帶給對方的感受，從中理解自己。

從本靈中能理解到，本靈在理解自己有什麼特質，因此透過分出去的靈魂來理解自己，從中尋找自己還有什麼要加強的特質呢？相對人也在用一生理解自己。

高我是本靈的一部分，靈魂藍圖是由高我安排規劃，任何人是靈界的家人，而破壞對方的生命旅程，如同傷害自己的親人，相對也要花更多時間來學習相關的功課。

在覺醒後，我能感受到在思考的問題時，隔幾天便會找到方向，好比提升顯化的速度，但也要付出行動，才會持續進步。我從天使身上感受到細緻振動，或許未來越多人覺醒後，整體便如天使般越來越輕盈，而情緒能量越輕盈流速越快，相對更容易看見自己的內在，猶如相由心生，因此從生活持續學習後，來讓身心靈更加平衡。當越多人開始踏入這段旅程時，也要理解更深入的靈性規則，學會保護好自己。

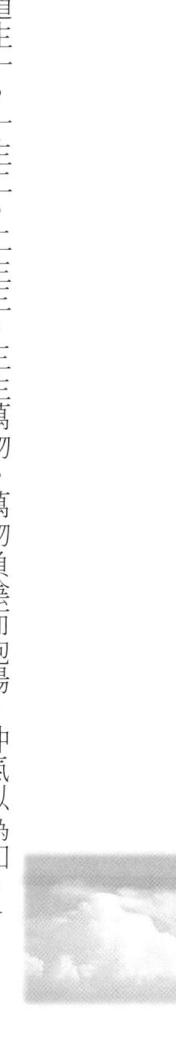

靈性的規則猶如法律，會隨著事件有所變動，嚴重傷害對方的行為會立刻收回靈通，輕微會記錄次數，在能量平衡的狀態下，要學會保護自己和他人：

詛咒：把自己惡意的意圖，放到對方身上，讓對方受到傷害的行為。

窺探隱私：探求對方的個資，滿足個人的私欲。

控制思想：玩弄對方的思想，讓對方服從自己的想法。

干涉對方：過多干預對方的靈魂藍圖，如同把對方功課拿來寫。

俗話說：「人在做，天在看。」靈魂會記錄這世做過的任何事情，在離世時，會依照能量平衡來平衡靈魂間的能量，如果本靈無法負擔或要讓自己學會承擔，便會在這世或來世執行，相對也能從這世，來探討來世的靈魂藍圖，從中來學習終止新業與歸還借用的能量。

靈魂有無限的時間，能經歷好幾世的學習，任何旅程能用深刻的體驗來學習各種角度，從中提升靈魂的內在，也會刻印在靈魂層面，因此要深入的理解自己，持續地提升自己。

除了從這世要學習到的功課，也能再尋找想要學習的目標，從中激發出個人靈魂天賦。在循環的人生裡，要學習自己去尋找出口，並與旅途中遇到的人，共同學習成長，或許會獲得更多的啟發，同時彼此要珍惜之間的緣分，感謝對方能帶給自己成長。

在寫作的過程中，會感受到地球時常在清理負面能量，有些是跟整體區域有關，有時會透過氣候變遷或災難，帶來相關的議題，讓更多人能夠參與學習。好比能從負面情緒的議題中，看見正能量，或是從受害者的意識中學習如何愛自己，並理解從事哪些行為會讓對方受到傷害，從中檢討與面對自己的內在，才能更加理解自己。

所謂「眼見為憑」，過去我時常對靈性世界半信半疑，常用理性思考來提醒自己要看清現實，後來透過催眠和靈氣，我才深刻的體驗到另個世界，在療癒後會事後去驗證，如果對方無法相信，我會先透過對話或是讓對方先去感受療癒後的感覺。

在生活中有時會對某些事件感到憤怒或恐懼，在我深入探索自己後，理解到與事件有共鳴的人，要學習相關的功課，好比過去某些事件受到傷害所造成的創傷，或是藉由外在的宣洩來轉移內在的議題，要學會原諒並接納過去的自己，用包容與同理心，感謝對方讓自己能學會這個議題，也感謝自己修補破碎的心後，獲得更有力量的自己。

有時會飼養寵物來療癒身心，緩和家中的氣氛，我學習到動物的靈魂有些前世也是人，或是其他本靈的一部分。當寵物的過程中，能用其他角度來學習家庭的議題，相對其他的生物，也是在學習與大自然共存的議題。我時常感謝吃的食物和地球母親蓋婭，孕育出的生命，才能滋養人所需要的養分，讓我能夠在物質世界去感受生命與人之間的交流。

我感受到負面的批評，會讓對方內心受到傷害，同時也會將負面的信念，深植在潛意識裡，所以當遇到類似的情緒時，便會與這段回憶產生共鳴，好比成為對方的夢魘。

任何負面情緒，好比尖銳的利刃，在與靈界通訊時，要保有理性的情緒，讓自己的通訊管道保持明亮和暢通，才能與來自光的朋友搭起橋樑。相對內心充滿欲望，會吸引類似的朋友，而過多依賴靈性能力來療癒，代表需要學會表達、溝通和活在當下。

我時常會觀察身邊的動態，有時剛好自己也在思考相關的議題，當聽到關鍵字時，會瞬間想通，就像有小老師時常在身邊，從生活提醒來尋找答案。而遇到任何議題時，要學會用各種思考角度，好比更高或其他人的想法，去理解能從中學習到的部分，來加快自己分析與思考能力，在遇到類似的狀況時，能以預設或更適合的方式，來面對自己或對方。

過往我有很多思緒，會同時想很多事情，讓自己無法靜下心。當能跟祂們溝通時，我才知道跟祂們對話，如同自我對話的時候，差在性格和語速上，也會感受到更多的愛與關心。好比過往擔心工作著落時，會收到「放心吧！」的想法，我以為這個想法來自內在，直到順利發展時，我才理解這是來自祂們的聲音，要我相信自己的直覺。

從生活中，身旁人事物的反應和說出的話，會感受到自己拿著鏡子看自己，猶如相由心生。有時會呈現表意識所想的狀況，有時會映照內在的想法，會讓對方感受到口是心非，這也是在提醒要療癒自己內在，安撫分裂的內在人格和魄，帶著他們一起學習並從中成長。

從自己的興趣中找到樂趣後，將分散的目標，整合在同條路上，好比將分散的能量，集中在喜悅的道路上，來創造屬於自己用心打造的新世界。

26個人心得感想

很感謝旅途中遇到的任何人和我的靈性團隊（長老團、守護神、指導靈、守護靈、本靈、高我和潛意識），在我決定寫書的時候，便開始接觸到相關的資訊。從寫書的過程中，我學習到更多靈性相關的內容，從中理解自己，讓自己能夠問心無愧，用平常心的方式生活。

有時會透過讓我看到的內容、夢境和家人朋友間的對話，來提醒我文章內容要修改的部分。在我詢問時，會指引我思考的方向，與祂們學習後，能加快我學習的進度。

剛開始封閉我的內視覺，感覺知道我會執著在看見的議題，直到理解到太快看到，便會停止深入去探索，在提醒我要用心去感受，從中提升覺察和其他能力。我很常想太多，好比執著在尋找答案，當讓自己睡醒或放鬆後，也許便會想通其中的道理，學會放過自己。

在短暫的人生裡，要時常理解自己，如何讓每天能在充實與放鬆間，取得適當的平衡，好比在物質與靈性思維之間維持平衡。持續探索身體上的奧祕與更多的樂趣，或許這也是讓覺醒後的人，能夠持續玩出有趣的人生，找回小時候對夢想的熱情。

過往我時常後悔自己的選擇，直到我願意接納過去的自己，才能用過往的經驗，來幫助更多人找回自己。或許我的經驗能當作參考，讓自己有個方向，如同身心靈大海中的燈塔，規劃並尋找最適合自己的路，體驗過程的樂趣吧！

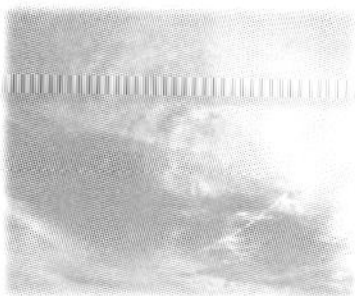

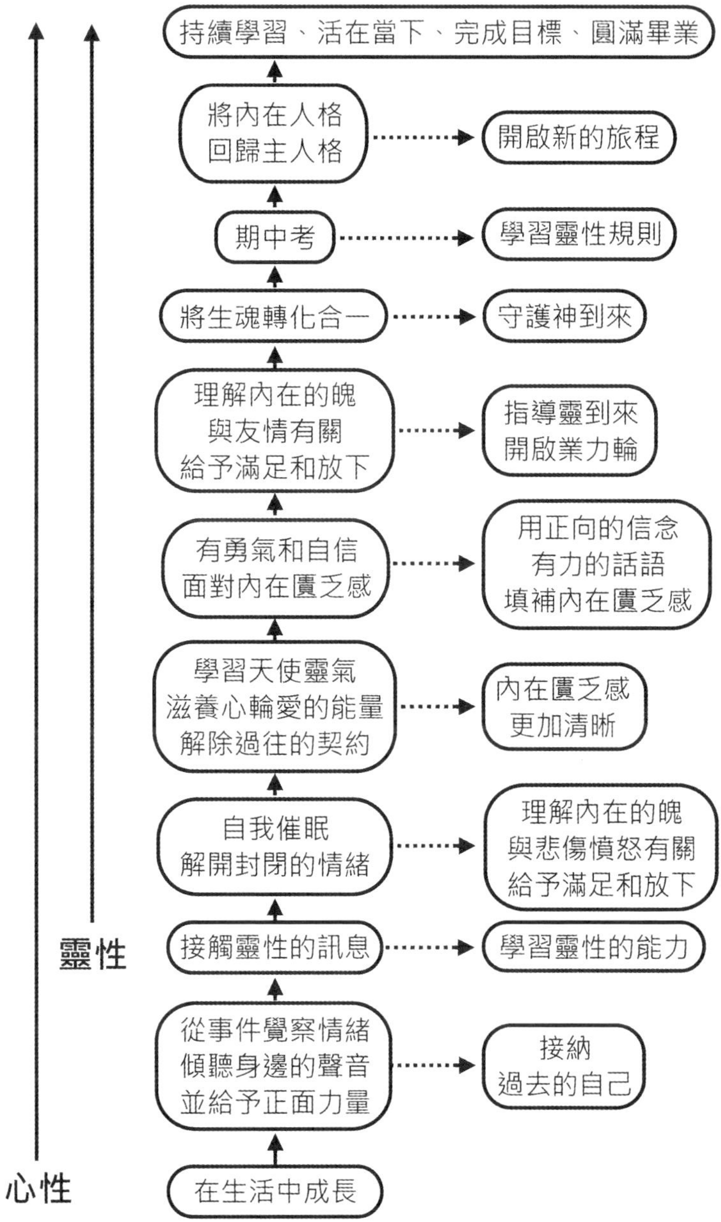
持續學習、活在當下、完成目標、圓滿畢業
將內在人格
回歸主人格
開啟新的旅程
期中考
學習靈性規則
將生魂轉化合一
守護神到來
理解內在的魄
與友情有關
給予滿足和放下
指導靈到來
開啟業力輪
有勇氣和自信
面對內在匱乏感
用正向的信念
有力的話語
填補內在匱乏感
學習天使靈氣
滋養心輪愛的能量
解除過往的契約
內在匱乏感
更加清晰
自我催眠
解開封閉的情緒
理解內在的魄
與悲傷憤怒有關
給予滿足和放下
靈性
接觸靈性的訊息
學習靈性的能力
從事件覺察情緒
傾聽身邊的聲音
並給予正面力量
接納
過去的自己
心性
在生活中成長

個人學習歷程

國家圖書館出版品預行編目資料

幸福之旅 ： 啟程／列爾克斯著. --初版.--臺中市：白象文化事業有限公司，2023.10
面； 公分
ISBN 978-626-364-121-1（平裝）
1.CST: 修身 2.CST: 生活指導
192.1 112014315

幸福之旅 ： 啟程

作　　者　列爾克斯
校　　對　列爾克斯
封面設計　蓋德文化有限公司、列爾克斯
內文圖片　列爾克斯
發 行 人　張輝潭
出版發行　白象文化事業有限公司
412台中市大里區科技路1號8樓之2（台中軟體園區）
出版專線：（04）2496-5995　傳真：（04）2496-9901
401台中市東區和平街228巷44號（經銷部）
購書專線：（04）2220-8589　傳真：（04）2220-8505
出版編印　林榮威、陳逸儒、黃麗穎、水邊、陳媁婷、李婕、林金郎
設計創意　張禮南、何佳諠
經紀企劃　張輝潭、徐錦淳、林尉儒、張馨方
經銷推廣　李莉吟、莊博亞、劉育姍、林政泓
行銷宣傳　黃姿虹、沈若瑜
營運管理　曾千熏、羅禎琳
印　　刷　基盛印刷工場
初版一刷　2023 年 10 月
定　　價　280 元